"信毅教材大系"编委会

主　　任	卢福财
副 主 任	邓　辉　王秋石　刘子馨
秘 书 长	廖国琼
副秘书长	宋朝阳
编　　委	刘满凤　杨　慧　袁红林　胡宇辰　李春根
	章卫东　吴朝阳　张利国　汪　洋　罗世华
	毛小兵　邹勇文　杨德敏　白耀辉　叶卫华
	尹忠海　包礼祥　郑志强　陈始发
联络秘书	方毅超　刘素卿

信毅教材大系·会计学系列

成本会计学（第二版）

指导用书
Cost Accounting Guide Book

郭小金 主编　　熊凌云　吉伟莉 副主编

復旦大學出版社

总　序

世界高等教育的起源可以追溯到1088年意大利建立的博洛尼亚大学,它运用社会化组织成批量培养社会所需要的人才,改变了知识、技能主要在师徒间、个体间传授的教育方式,满足了大家获取知识的需要,史称"博洛尼亚传统"。

19世纪初期,德国的教育家洪堡提出"教学与研究相统一"和"学术自由"的原则,并指出大学的主要职能是追求真理,学术研究在大学应当具有第一位的重要性,即"洪堡理念",强调大学对学术研究人才的培养。

在洪堡理念广为传播和接受之际,纽曼发表了"大学的理想"的著名演说,旗帜鲜明地指出"从本质上讲,大学是教育的场所","我们不能借口履行大学的使命职责,而把它引向不属于它本身的目标",强调培养人才是大学的唯一职能。纽曼关于"大学的理想"的演说让人们重新审视和思考大学为何而设、为谁而设的问题。

19世纪后期到20世纪初,美国威斯康星大学查尔斯·范海斯校长提出"大学必须为社会发展服务"的办学理念,更加关注大学与社会需求的结合,从而使大学走出了象牙塔。

2011年4月24日,胡锦涛总书记在清华大学百年校庆庆典上,指出高等教育是优秀文化传承的重要载体和思想文化创新的重要源泉,强调要充分发挥大学文化育人和文化传承创新的职能。

总而言之,随着社会的进步与变革,高等教育不断发展,大学的功能不断扩展,但始终都在围绕着人才培养这一大学的根本使命,致力于不断提高人才培养的质量和水平。

对大学而言,优秀人才的培养,离不开一些必要的物质条件保障,但更重要的是高效的执行体系。高效的执行体系应该体现在三个方面:一是科学合理的学科专业结构;二是能洞悉学科前沿的优秀的师资队伍;三是作为知识载体和传播媒介的优秀教材。教材是体现教学内容与教学方法的知识载体,是进行教学的基本工具,也是深化教育教学改革,提高人才培养质量的重要保证。

一本好的教材，要能反映该学科领域的学术水平和科研成就，能引导学生沿着正确的学术方向步入所向往的科学殿堂。因此，加强高校教材建设，对于提高教育质量、稳定教学秩序、实现高等教育人才培养目标起着重要的作用。正是基于这样的考虑，江西财经大学与复旦大学出版社达成共识，准备通过编写出版一套高质量的教材系列，以期进一步锻炼学校教师队伍，提高教师素质和教学水平，最终将学校的学科、师资等优势转化为人才培养优势，提升人才培养质量。为凸显江财特色，我们取校训"信敏廉毅"中一首一尾两个字，将这个系列的教材命名为"信毅教材大系"。

"信毅教材大系"将分期分批出版问世，江西财经大学教师将积极参与这一具有重大意义的学术事业，精益求精地不断提高写作质量，力争将"信毅教材大系"打造成业内有影响力的高端品牌。"信毅教材大系"的出版，得到了复旦大学出版社的大力支持，没有他们的卓越视野和精心组织，就不可能有这套系列教材的问世。作为"信毅教材大系"的合作方和复旦大学出版社的一位多年的合作者，对他们的敬业精神和远见卓识，我感到由衷的钦佩。

王 乔

2012 年 9 月 19 日

前 言

本书是和江西财经大学"信毅教材大系"教材《成本会计学》配套的学习指导书,目的是帮助学生巩固在教材中学习到的知识点。学习指导书的内容并不是教材的翻版,在编写体例、编写内容和方法等方面进行了有益的探索,力求使学生在经过课堂教学及其他教学手段的学习之后,进一步加深对教材内容的理解和把握,从而将所学的知识融会贯通,增强专业理论知识和实际应用能力。

《成本会计学习指导书》主要分为两大部分,第一部分为"学习指导",下设"主要内容和知识要点",便于学生从总体上掌握各章核心内容和拓展知识视野;第二部分为"练习题",主要设有"名词解释、简答题、单项选择题、多项选择题、判断题、业务题"六种类型。练习题形式多样,涵盖面广,既有客观题,也有业务题,可以考查学生综合分析和解决问题的能力。另外,本书提供了详细的参考答案及解析,有利于学生复习和自习,让学生知其然且知其所以然。指导书不仅适用于会计学、财务管理等经管类相关专业本科学生,也适用于高职院校相关专业学生,还可用于经济管理人员培训自学,或作为应对各类考试的参考书。

本书由来自本科教学一线的专业教师撰写,根据多年的教学积累和实践经验,共同收集、整理和编排。郭小金、熊凌云、袁文、吉伟莉和张绪军共同设计全书的框架,拟定编写大纲,骆熠帮助整理资料、核对参考答案,最后由郭小金对全书进行总纂、定稿。

由于编者水平所限,书中难免存在错误和不妥之处,敬请各位读者批评指正,以便今后修正。

目 录

总序 …………………………………………………………… 001
前言 …………………………………………………………… 001

第一章　总论 …………………………………………………… 001
学习指导 …………………………………………………… 001
练习题 ……………………………………………………… 002

第二章　产品成本核算原理 …………………………………… 008
学习指导 …………………………………………………… 008
练习题 ……………………………………………………… 009

第三章　费用在各产品之间进行归集和分配 ………………… 015
学习指导 …………………………………………………… 015
练习题 ……………………………………………………… 016

第四章　生产费用在完工产品与在产品之间的分配 ………… 031
学习指导 …………………………………………………… 031
练习题 ……………………………………………………… 031

第五章　产品成本计算方法概述 ……………………………… 044
学习指导 …………………………………………………… 044
练习题 ……………………………………………………… 044

第六章　产品成本计算的品种法 ……………………………… 049
学习指导 …………………………………………………… 049
练习题 ……………………………………………………… 049

第七章　产品成本计算的分批法 ……………………………… 054
学习指导 …………………………………………………… 054
练习题 ……………………………………………………… 054

第八章　产品成本计算的分步法 …………………… 060
　　学习指导 …………………………………………… 060
　　练习题 ……………………………………………… 061

第九章　产品成本计算的辅助方法 ………………… 078
　　学习指导 …………………………………………… 078
　　练习题 ……………………………………………… 078

第十章　成本报表的编制和分析 …………………… 089
　　学习指导 …………………………………………… 089
　　练习题 ……………………………………………… 090

综合测试题一 ………………………………………… 101

综合测试题二 ………………………………………… 105

参考答案 ……………………………………………… 113

第一章 总 论

学习指导

本章为全书基础章节,为成本会计后续学习奠定一个理论基础。在学习完本章节后,应当掌握与成本及成本会计相关的概念。本章各节主要内容及知识要点如表 1-1 所示。

表 1-1

章 节	主 要 内 容	知 识 要 点
第一节 成本的经济实质和作用	成本的经济实质	马克思的理论成本与实际工作中的成本
	成本的作用	补偿生产经营耗费的尺度 反映工作质量的重要指标 制定产品价格的重要因素 进行预测和决策的重要依据 企业参与竞争的手段
第二节 成本会计的形成历程及学科定位	成本会计的产生	19 世纪下半叶至 20 世纪初期
	成本会计的发展	早期成本会计阶段 近代成本会计阶段 现代成本会计阶段 战略成本管理阶段
	成本会计的学科定位	成本会计的学科定位
第三节 成本会计的职能和任务	成本会计的职能	首要职能:反映 两大职能:反映和监督
	成本会计的任务	提供信息、优化决策、强化控制、加强考核、检验结果
第四节 成本会计的对象	成本会计反映和监督的内容	工业企业生产经营过程中发生的产品生产成本和期间费用
第五节 成本会计工作组织	成本会计工作的组织原则	相适应、相结合、建立在广泛的职工群众基础之上
	成本会计机构设置	集中核算,非集中核算
	成本会计人员配备	成本会计人员的职责、权限、素质
	成本会计制度	简便易行、实用有效

练习题

一、名词解释

1. 成本的经济实质
2. 产品成本
3. 成本对象
4. 理论成本
5. 成本会计的任务
6. 成本会计的职能
7. 集中工作方式
8. 分散工作方式

二、简答题

1. 在现行制度下,为什么期间费用不计入产品成本,而是直接计入当期损益?
2. 实际工作中的成本开支范围与理论成本的内容及差别是什么?
3. 企业在确定内部各级成本会计机构之间的组织分工采用哪一种工作方式时,应考虑哪些情况?
4. 简述成本会计有哪几项职能。
5. 试述成本会计的形成历程及学科定位。
6. 制定企业成本会计制度主要包括哪些方面的内容?
7. 简述成本会计的组织工作有哪些内容及作用。

三、单项选择题

1. 成本会计的对象是(　　)。
   A. 产品生产成本的形成
   B. 各项期间费用的支出和归集
   C. 生产费用和期间费用
   D. 各行业企业生产经营业务的成本和有关的期间费用

2. 理论成本与实际工作中的成本开支范围包括的内容是(　　)。
   A. 有一定差别的
   B. 完全一致的
   C. 两个不同概念
   D. 可以相互替代

3. 商品的理论成本是指(　　)。
   A. 已耗费的生产资料转移的价值
   B. 劳动者为自己劳动所创造的价值
   C. 劳动者为社会劳动所创造的价值
   D. 已耗费的生产资料转移的价值和劳动者为自己劳动所创造的价值

4. 马克思主义政治经济学认为成本属于(　　)。
   A. 资产价值的计量
   B. 收入利益的分配
   C. 所耗价值的补偿
   D. 取得利益的依据

5. 从理论上讲,成本的经济实质包括的内容有(　　)。
   A. 生产经营过程中所耗费的生产资料转移的价值
   B. 劳动者为自己劳动所创造的价值
   C. 劳动者为社会劳动所创造的价值
   D. 生产经营过程中所耗费的生产资料转移的价值和劳动者为自己劳动所创造价

值的货币表现

6. 成本会计的基本任务和中心环节是（　　）。
   A. 进行成本预测，参与经营决策　　B. 审核和控制各项费用支出
   C. 及时、正确地进行成本核算　　　D. 考核和分析成本计划的执行

7. 成本会计的首要职能是（　　）。
   A. 核算的职能　　　　　　　　　　B. 反映和监督的职能
   C. 监督的职能　　　　　　　　　　D. 计划和考核的职能

8. 成本会计应担负的任务取决于（　　）。
   A. 人们期望成本会计应达到的目的和对成本会计的要求
   B. 企业经营管理的要求
   C. 企业经营管理的要求，同时要受到成本会计对象的制约
   D. 国家有关法规制度的要求

9. 企业内部各级成本会计机构之间的组织分工，采用集中工作方式的缺点是（　　）。
   A. 不便于厂部会计机构及时地掌握各企业与成本有关的全面信息
   B. 不便于责任成本制的推广
   C. 需要更多的技术会计人员
   D. 不便于使用电子计算机进行成本数据处理

10. 企业内部各级成本会计机构之间的组织分工，采用分散工作的优点是（　　）。
    A. 可以减少成本会计机构的层次
    B. 有利于调动各级各部门控制成本费用、提高经济效益的积极性
    C. 便于各级会计机构及时掌握成本会计的全面信息
    D. 可以减少成本会计人员

11. 成本会计人员的权限主要有（　　）。
    A. 有权制定企业生产经营计划和各项定额
    B. 有权监督检查企业各单位对成本计划和有关法规制度的执行情况
    C. 审核控制各项费用的支出
    D. 有权主持与成本管理有关的生产经营管理会议

12. 通过对所提供的成本信息资料的检查和分析，控制和考核有关经济活动属于成本会计的（　　）。
    A. 事前监督　　　　　　　　　　　B. 事前、事后监督
    C. 事中、事后的监督　　　　　　　D. 事前、事中监督

13. 成本会计的基础有哪项内容属于（　　）。
    A. 加强核算与管理过程　　　　　　B. 制定各种消耗定额
    C. 体现重要性原则的运用　　　　　D. 制定各种规章制度

14. 成本会计的监督（　　）。
    A. 包括事前、事中和事后的监督　　B. 包括事前和事后的监督
    C. 是事后的监督　　　　　　　　　D. 是事前的监督

15. 成本会计反映职能的最基本的方面有（　　）。
   A. 检查各项生产经营耗费的合理性、合法性和有效性
   B. 提供真实的、可以验证的成本信息
   C. 分析和考核成本管理工作的业绩
   D. 调节和指导企业的有关经济活动
16. 工业企业在一定时期内发生的、用货币表现的生产耗费，称为企业（　　）。
   A. 生产费用　　　　　　　　　　B. 生产成本
   C. 经营管理费用　　　　　　　　D. 生产经营管理费用
17. 成本会计是会计的一个分支，是以（　　）为对象的一种专业会计。
   A. 企业　　　　B. 会计主体　　　　C. 成本　　　　D. 资金
18. 成本会计工作中的计划、控制、核算和分析工作，由企业各车间的人员分别进行，这种工作方式是（　　）。
   A. 集中工作方式　　　　　　　　B. 分散工作方式
   C. 统一工作方式　　　　　　　　D. 车间工作方式
19. 制定成本会计法规制度的原则是（　　）。
   A. 与国际惯例接轨
   B. 统一领导、分级管理
   C. 有利于成本管理经济责任制的落实
   D. 把成本会计工作建立在广泛的群众基础之上
20. 大中型企业的成本会计工作一般采取（　　）。
   A. 集中工作方式　　　　　　　　B. 统一领导方式
   C. 分散工作方式　　　　　　　　D. 会计岗位责任制

四、多项选择题

1. 企业内部各级成本会计机构之间的分散工作方式适用于（　　）。
   A. 大型企业　　　　　　　　　　B. 组织结构复杂的企业
   C. 小型企业　　　　　　　　　　D. 中型企业
2. 成本会计机构根据企业规模的大小和管理要求，可设置的形式为（　　）。
   A. 集中工作形式　　　　　　　　B. 固定工作形式
   C. 变动工作形式　　　　　　　　D. 分散工作形式
3. 与成本会计有关的法规制度，主要由哪几部分组成（　　）。
   A. 企业会计准则　　　　　　　　B. 分行业会计制度
   C. 企业会计制度　　　　　　　　D. 成本会计制度、规范
4. 成本的主要作用在于（　　）。
   A. 是补偿生产耗费的尺度
   B. 是综合反映企业工作质量的重要指标
   C. 是企业对外报告的主要内容
   D. 是制定产品价格的重要因素和进行生产经营决策的重要依据
5. 成本会计的任务包括（　　）。

A. 成本的预测和决策　　　　　　B. 成本计划和成本控制
C. 成本核算　　　　　　　　　　D. 成本考核和分析

6. 企业组织成本会计工作,一般说来,应根据(　　)。
A. 本单位生产经营特点　　　　　B. 企业规模的大小和机构设置
C. 企业人员的多少和素质高低　　D. 成本管理的要求

7. 产品的制造成本是指为制造产品而发生的各种费用,包括(　　)。
A. 原材料　　　　　　　　　　　B. 生产工人工资
C. 制造费用　　　　　　　　　　D. 管理费用

8. 作为补偿生产耗费的尺度的成本,包括(　　)。
A. 产品制造成本　　　　　　　　B. 管理费用
C. 销售费用　　　　　　　　　　D. 财务费用

9. 成本会计的对象包括(　　)。
A. 产品制造成本　　　　　　　　B. 管理费用
C. 销售费用　　　　　　　　　　D. 财务费用

10. 下列各项中,不属于商品理论成本而实际工作中列作成本开支的范围有(　　)。
A. 废品损失　　　　　　　　　　B. 车间管理人员工资
C. 季节性停工期间发生的费用　　D. 固定资产修理期间的停工损失

11. 企业内部各级成本会计机构之间的组织分工,采用集中工作方式的优点是(　　)。
A. 便于集中使用电子计算机进行成本数据处理
B. 可以减少成本会计机构的层次
C. 便于企业内部各单位职工及时掌握成本信息
D. 便于厂部会计机构及时掌握整个企业与成本有关的全面信息

12. 成本会计的基础工作中,要建立健全的原始记录主要包括(　　)。
A. 材料物资的原始记录　　　　　B. 劳动资源方面的原始记录
C. 设备使用方面的原始记录　　　D. 费用开支方面的原始记录

13. 成本会计的反映职能包括(　　)。
A. 提供反映成本现状的核算资料功能
B. 提供有关预测未来经济活动的成本信息资料的功能
C. 控制有关经济活动的功能
D. 考核有关经济活动的功能

14. 降低产品成本的途径主要有(　　)。
A. 提高劳动生产效率　　　　　　B. 节约材料消耗
C. 提高设备利用程度　　　　　　D. 控制其他费用的发生

15. 商品的理论成本是由生产商品所耗费的(　　)构成的。
A. 生产资料转移的价值　　　　　B. 劳动者为自己所创造的价值
C. 劳动者为社会所创造的价值　　D. 劳动者的必要劳动

16. 一般来说，企业应根据本单位（　　）等具体情况与条件来组织成本会计工作。
A. 生产规模的大小　　　　　　　B. 生产经营业务的特点
C. 成本计算方法　　　　　　　　D. 企业机构的设置

五、判断题

1. 所谓集中工作方式，是指企业的成本会计工作，全部由厂部成本会计机构集中进行。（　　）

2. 马克思称为商品的"成本价格"的那部分商品价值，指的就是商品成本。（　　）

3. 作为补偿生产耗费尺度的成本，只包括产品制造成本，不包括期间费用。（　　）

4. 在实际工作中，确定成本的开支范围应以成本的经济实质为决定依据。（　　）

5. 在实际工作中，成本的开支范围是由国家根据理论成本内容，通过有关法规制度来加以界定的。因此，与理论成本内容范围是完全一致的。（　　）

6. 成本会计的基本任务是及时、正确地进行成本核算，提供真实、有用的成本信息。（　　）

7. 按照工业企业会计制度的有关规定，可以把工业企业成本会计对象概括为：工业企业生产经营过程中发生的产品成本及相应的账务处理。（　　）

8. 按照现行制度的有关规定所计算的产品成本，可称为财务成本。（　　）

9. 按照现行会计制度规定，企业产品成本计算采用的是制造成本法。（　　）

10. 企业成本会计作为对内报告会计，其所计算的成本主要是为企业内部经营管理服务，故可称为管理成本。（　　）

11. 所谓分散工作方式，是指成本会计工作中的计划、控制、核算和分析，分散由车间等其他单位的工作人员分别进行。（　　）

12. 成本的经济实质，是生产经营过程中所耗费的生产资料转移价值和劳动者为自己劳动所创造的价值的货币表现，也就是企业生产经营活动中所耗资金的总和。（　　）

13. 成本会计对象，概括地讲，就是产品生产成本的形成过程。（　　）

14. 企业主要应根据外部有关方面的需要来组织成本会计工作。（　　）

15. 产品成本是补偿企业生产耗费的基本尺度，也是反映企业工作质量的综合指标和制定产品价格的重要依据。（　　）

16. 提供有关预测未来的经济活动的成本信息资料，是成本会计监督职能的一种发展。（　　）

17. 以已经发生的各项费用为依据，为经营管理提供真实的、可以验证的成本信息资料，是成本会计反映职能的基本方面。（　　）

18. 成本会计的监督职能，就是通过对实际成本信息资料进行检查和分析，来评价、考核有关经济活动。（　　）

19. 成本预测和计划是成本会计最基本的任务。（　　）

20. 在企业的成本会计机构中，配备适当数量的合格的成本会计人员是做好成本会计工作的决定性因素。（　　）

六、业务题

英国罗托克公司生产某种商品耗费 1 000 镑资本。其中,劳动资料的损耗 40 镑,生产资料的消耗 760 镑,劳动力的耗费 200 镑,假定剩余价值率为 100%。这样,产品价值就等于(800c+200v+200m)镑=1 200 镑。减去 200 镑剩余价值之后,还剩下 1 000 镑的商品价值,而这 1 000 镑只是补偿已经耗费的资本 1 000 镑。商品价值的这个部分,即补偿所消耗的生产资料和所使用的劳动力价格的部分,只是补偿商品使资本家自身耗费的东西,所以对于资本家来说,这就是商品的成本价格。

问题:商品的成本价格包括哪些内容?谈谈商品的成本价格同生产成本的关系。

第二章 产品成本核算原理

学习指导

本章属于基础性章节,通过本章的学习,将为后续成本会计的学习打下坚实的基础,便于在后续学习过程中理解有关概念。本章各节主要内容及知识要点如表 2-1 所示。

表 2-1

章　　节	主　要　内　容	知　识　要　点
第一节　成本核算的原则	分期核算原则	按一定阶段划分为各个时期
	权责发生制原则	以权利和责任的发生来决定成本费用归属期
	实际成本核算原则	以实际成本计量
	一致性原则	各个会计期间所采用的会计核算方法必须保持前后一致
	合法性原则	按照有关的国家法律、法规、制度等规定进行处理
第二节　成本核算的基本要求	算管结合,算为管用	成本核算与加强企业经营管理相结合
	正确划分各种费用界限	是否计入产品成本的界限 生产费用与经营管理费用的界限 各个会计期间费用的界限 各种产品费用的界限 完工产品与在产品之间费用的界限
	正确确定财产物资的计价和价值结转的方法	固定资产、流动资产等财产物资的计价和价值结转方法
	做好成本核算的基础工作	原始记录制度 科学的定额管理制度 存货计量、验收、领退和盘点制度 企业内部结算价格和结算制度
	适应生产特点和管理要求,采用适当的成本计算方法	考虑生产工艺过程和生产组织方式两方面。选择不当将会影响产品成本核算的准确性和及时性

(续表)

章　节	主　要　内　容	知　识　要　点
第三节　成本费用的分类	生产费用及其与支出和产品成本的关系	生产费用包含于支出中,生产费用是产品成本的基础
	费用按经济内容的分类	不能说明费用发生与企业成本的关系
	费用按经济用途的分类	原材料、燃料和动力、职工薪酬、制造费用、废品损失
	费用要素与成本项目的关系	分类标准不同;被分类的费用不同;费用所属的时期不同
	费用的其他分类	按经营目的不同分类 按生产费用与特定对象关系分类 按计入产品成本的方法分类
第四节　成本核算的基本程序与账务处理	成本核算的一般程序	确定应计入产品成本还是期间费用 确认其归属对象 按成本计算对象计算产品成本
	账户的设置	基本生产成本、辅助生产成本等

练习题

一、名词解释

1. 成本项目　　　　　　　　2. 费用要素
3. 直接材料　　　　　　　　4. 直接生产费用
5. 间接生产费用　　　　　　6. 直接计入费用
7. 间接计入费用　　　　　　8. 成本核算
9. 基本生产　　　　　　　　10. 辅助生产

二、简答题

1. 费用按经济内容划分,具体可以划分出哪些费用要素?
2. 在成本核算中如何贯彻算管结合、算为管用的要求?
3. 企业费用可以按哪几种标准分类?
4. 如何理解降低产品成本的企业与社会的双赢?
5. 简述成本核算的一般程序。
6. 何为成本项目?为何设置成本项目?

三、单项选择题

1. 下列各项中属于生产费用要素的有(　　)。
   A. 废品损失　　　B. 工资和福利费　　　C. 期间费用　　　D. 外购材料
2. 下列各项中,属于费用要素的是(　　)。
   A. 销售费用　　　　　　　　　B. 折旧费用

C. 管理费用　　　　　　　　　　　D. 制造费用
3. 下列项目中（　　）不属于成本项目。
A. 直接材料费用　　　　　　　　　B. 直接人工费用
C. 制造费用　　　　　　　　　　　D. 管理费用
4. 下列各项中，属于成本核算基础工作的是（　　）。
A. 费用的分类　　　　　　　　　　B. 恰当地选择费用分配的标准
C. 建立和健全原始记录　　　　　　D. 正确划分各个月份的费用界限
5. 下列各项中，属于产品成本项目的是（　　）。
A. 工资　　　　　　　　　　　　　B. 外购材料
C. 原材料　　　　　　　　　　　　D. 外购动力
6. 成本核算要求的"算管结合，算为管用"，其中"算"指的是（　　）。
A. 成本计算　　　　　　　　　　　B. 成本监督
C. 成本核算　　　　　　　　　　　D. 成本计划
7. 下列各项中，属于费用要素的是（　　）。
A. 折旧费用　　　　　　　　　　　B. 修理费用
C. 销售费用　　　　　　　　　　　D. 燃料和动力
8. 下列费用按经济用途分类属于经营管理费用的是（　　）。
A. 直接材料费用　　　　　　　　　B. 制造费用
C. 直接工人费用　　　　　　　　　D. 筹集资金的财务费用
9. 下列各项中，属于直接生产费用的是（　　）。
A. 机器设备的折旧费　　　　　　　B. 辅助工人工资
C. 车间厂房的折旧费　　　　　　　D. 车间照明用电
10. 下列各项中，属于直接计入费用的是（　　）。
A. 直接生产费用　　　　　　　　　B. 能分得清哪种产品所消耗的费用
C. 生产工人的工资　　　　　　　　D. 原材料
11. 下列各项中，属于间接生产费用的是（　　）。
A. 车间管理人员的工资　　　　　　B. 厂部管理人员的工资
C. 机器设备的折旧　　　　　　　　D. 生产工人的工资
12. 下列各项中，应计入制造费用的是（　　）。
A. 产品生产工人工资　　　　　　　B. 机器设备的折旧和修理费
C. 工艺用燃料　　　　　　　　　　D. 构成产品实体的原材料
13. "生产成本——基本生产成本"总账科目的借方登记（　　）。
A. 直接生产费用
B. 单设成本项目的费用
C. 直接计入费用
D. 直接用于产品生产并单设成本项目的费用
14. 下列各项中，属于产品成本项目的是（　　）。
A. 财务费用　　　B. 燃料和动力　　　C. 管理费用　　　D. 税金

15. 下列各项中,属于"生产成本"科目核算内容的是( )。
   A. 销售产品发生的广告费用
   B. 工业产品、自制材料、自制工具等发生的各项费用
   C. 按规定支付的房产税、印花税等
   D. 企业的产品参加展销活动支付的费用
16. 成本核算的基本程序中处理跨期摊配费用的内容主要是指( )。
   A. 固定资产购置费用　　　　　　　B. 无形资产购置费用
   C. 预付的财产保险费用　　　　　　D. 预付的购货费用
17. 下列各项属于直接生产费用的是( )。
   A. 产品生产工人的工资及福利费用　B. 车间辅助人员的工资及福利费用
   C. 车间管理人员的工资及福利费用　D. 生产车间的办公费用
18. 下列各项中应计入管理费用的是( )。
   A. 企业专设销售机构人员的工资　　B. 产品广告费用
   C. 企业的职工教育经费　　　　　　D. 车间的办公费用
19. 下列各项中应计入管理费用的是( )。
   A. 银行借款的利息支出　　　　　　B. 银行存款的利息收入
   C. 企业的技术开发费用　　　　　　D. 车间管理人员的工资
20. 下列各项中,不属于"生产成本"科目核算内容的是( )。
   A. 生产经营期间发生的汇兑损失
   B. 生产工人工资及福利费
   C. 直接用于产品生产的燃料及动力费用
   D. 企业生产单位(分厂、车间)发生的生产组织管理费用

四、多项选择题

1. 期间费用按其经济用途可分为( )。
   A. 管理费用　　B. 制造费用　　C. 财务费用　　D. 销售费用
2. 正确划分各种成本计算的费用界限,主要是指划分( )。
   A. 各种产品之间的费用界限　　　　B. 各期之间的费用界限
   C. 盈利产品与亏损产品之间的费用界限　D. 完工产品与在产品之间的费用界限
3. 下列各项中,不应计入产品成本的费用是( )。
   A. 分厂、车间机器设备的修理费　　B. 企业行政部门设备的折旧费
   C. 工会经费和公司经费　　　　　　D. 离退休职工的退休金
4. 跨期摊配费用账户,主要有( )。
   A. 待摊费用　　　　　　　　　　　B. 管理费用
   C. 长期待摊费用　　　　　　　　　D. 递延收益
5. 下列费用中不能直接计入产品成本的有( )。
   A. 两种产品共同消耗一种原材料费用
   B. 只生产一种产品的企业机器设备的折旧费
   C. 既生产甲产品又生产乙产品的工人工资和福利费

D. 能分得清是哪种产品所消耗的辅助材料费用

6. 为了正确计算产品成本和期间费用,必须正确划分(　　)。
   A. 应计入产品成本和期间费用的费用界限
   B. 各个月份的费用界限
   C. 各种产品的费用界限
   D. 完工产品和在产品的费用界限

7. 企业或主管企业的上级机关在规定或调整成本项目时应考虑(　　)。
   A. 该项费用是直接生产费用还是间接生产费用
   B. 该项费用在成本中比重的大小
   C. 该项费用在管理上有无单独反映、控制和考核的需要
   D. 为某项费用专设成本项目所增加的工作量的大小

8. 一个企业在确定应采用的成本计算方法时,应同时考虑(　　)。
   A. 企业规模的大小　　　　　　　　B. 生产特点
   C. 成本管理要求　　　　　　　　　D. 企业人员的业务素质

9. 下列项目中属于费用要素的是(　　)。
   A. 计提的职工福利费　　　　　　　B. 原材料
   C. 废品损失　　　　　　　　　　　D. 企业耗用的一切外部购进的燃料

10. 下列项目中,属于产品成本项目的是(　　)。
    A. 工资　　　　　　　　　　　　　B. 工资及福利费
    C. 折旧费　　　　　　　　　　　　D. 停工损失

11. 下列工作中,属于成本核算基础工作的是(　　)。
    A. 定额的制定和修订　　　　　　　B. 材料的物资计量、收发、领退和盘点
    C. 有关的计划统计工作　　　　　　D. 厂内计划价格的制定和修订

12. 下列费用中属于直接生产费用的是(　　)。
    A. 原材料费用　　　　　　　　　　B. 生产工人工资
    C. 机器设备折旧费　　　　　　　　D. 辅助工人工资

13. 下列费用属于间接生产费用的是(　　)。
    A. 机器设备的折旧费、修理费　　　B. 车间厂房的折旧费、修理费
    C. 厂部管理人员的工资和福利费　　D. 车间机器物料消耗

14. 下列说法中正确的有(　　)。
    A. 直接生产费用即直接计入费用
    B. 在只生产一种产品的企业或车间中,直接生产费用和间接生产费用都可以直接计入产品成本
    C. 在生产联产品企业中,直接生产费用和间接生产费用都不能直接计入产品成本
    D. 间接生产费用大多是间接计入费用

15. 下列各项中属于费用要素中的税金的有(　　)。
    A. 增值税　　　　　　　　　　　　B. 所得税
    C. 车船使用税　　　　　　　　　　D. 土地使用税

16. 成本核算要求做好各项基础工作,主要包括( )。
   A. 建立健全原始记录   B. 制订各种消耗定额
   C. 制订内部结算价格   D. 强化成本管理意识
17. 为了正确计算产品成本,必须正确划分( )的费用界限。
   A. 盈利产品和亏损产品   B. 各种产品
   C. 应不应该计入管理费用   D. 完工产品的在产品
18. 核算生产费用的账户主要有( )。
   A. "生产成本"账户   B. "废品损失"账户
   C. "制造费用"账户   D. "管理费用"账户
19. 应计入"管理费用"账户的内容,主要有( )。
   A. 业务招待费用   B. 车间管理人员工资费用
   C. 劳动保险费用   D. 销售机构人员工资费用
20. 成本按经济用途分类,工业企业可分为( )。
   A. 生产成本   B. 供应成本
   C. 经营销售成本   D. 非生产成本

五、判断题

1. 机器设备的折旧费、修理费等是直接生产费用,应直接计入产品成本。( )
2. 企业生产经营过程中发生的各种费用,按其经济内容划分,具体地可以分为若干个费用要素。( )
3. 只要能分清是哪种产品所消耗的费用,不论是直接生产费用还是间接生产费用都可以直接计入产品成本。( )
4. 计入产品成本的生产费用,按其经济用途分类,可以划分为若干个产品成本项目。( )
5. "制造费用"账户,主要是登记生产车间或部门为组织生产和管理生产而发生的各项间接费用。( )
6. 基本生产车间生产产品领用的材料,应直接计入成本计算对象的产品成本明细。( )
7. 机器设备的折旧、修理费等,之所以计入制造费用而不是直接计入产品生产成本,是因为它们是间接生产费用。( )
8. 直接生产费用大多数情况下是直接计入产品成本的。( )
9. 凡是直接生产费用都可以直接记入基本生产成本科目。( )
10. 正确划分各种费用界限,就是划分生产经营管理费用和非经营管理费用的界限。( )
11. 规定或调整产品成本项目主要考虑的是该项费用在产品成本中比重的大小。( )
12. 为了核算企业的期间费用应设置"销售费用""管理费用""制造费用"科目。( )
13. 制定和修订定额,只是为了进行成本审核,与成本计算没有关系。( )

14. 所谓费用要素，就是费用按经济内容的分类。　　　　　　　　　　　（　　）

15. 生产人员、车间管理人员和技术人员工资及福利费，是产品成本的重要组成部分，应该直接计入各种产品成本。　　　　　　　　　　　　　　　　　　（　　）

16. 为了正确计算成本，必须正确确定财产物资的计价和价值结转的方法。
　　　　　　　　　　　　　　　　　　　　　　　　　　　　　　　（　　）

17. 财产物资的计价和价值结转的方法企业可根据自身需要任意改变。（　　）

18. 机物料消耗、辅助工人工资和车间厂房折旧费用等都是间接费用。（　　）

19. 企业某一会计期间实际发生的费用总和，一定等于该会计期间的产品成本和期间费用总和。　　　　　　　　　　　　　　　　　　　　　　　　　　　（　　）

20. 燃料及动力是生产费用要素。　　　　　　　　　　　　　　　　　（　　）

六、业务题

1. 老赵的自行车厂，是一个拥有 20 名职工的小厂，专门生产儿童三轮车。本月为生产产品发生了下列支出：钢管 50 000 元，橡胶轮胎 10 000 元，油漆 1 000 元，其他配件 2 000 元，车间用电费 2 000 元，厂部用电费 1 000 元，工人工资 20 000 元，厂长等管理人员工资 8 000 元，设备租金 2 000 元，机器修理费 500 元，生产设备折旧费 2 000 元。

会计科长要求汪宏对上述费用进行分类，最后汪宏分类的结果为：

结果一	结果二	结果三
外购材料 63 000 元	产品成本 87 500 元	直接材料 63 000 元
外购动力 3 000 元	生产费用 87 500 元	直接人工 20 000 元
工　　资 28 000 元	期间费用 9 000 元	制造费用 4 500 元
折　旧　费 2 000 元		
修　理　费 500 元		

问：同样的支出怎么会有三种结果？这到底是怎么回事呢？

2. 某食品加工厂生产奶油面包和牛油面包两种产品，20×1 年 10 月生产车间和管理部门发生的相关费用如下：生产奶油面包领用奶油 10 000 元，生产牛油面包领用牛油 12 000 元，生产两种产品共同领用面粉 20 000 元；发生的人工费用：工人的工资 10 000 元，车间管理人员工资 8 000 元；固定资产折旧费用：车间设备折旧 8 000 元，厂部设备折旧 5 000 元；水电费中：车间消耗 3 200 元，厂部消耗 1 200 元；利息等其他费用 5 000 元。

问：哪些应计入成本项目？应计入成本项目的各项费用是直接计入还是间接计入？

第三章　费用在各产品之间进行归集和分配

学习指导

通过本章的学习，读者将全面掌握针对要素费用中的材料、燃料、外购动力、职工薪酬、折旧等要素采取不同的归集和分配方法。此外，还将了解和掌握辅助生产费用、制造费用、生产损失、期间费用的核算方法。本章各节主要内容及知识要点如表 3-1 所示。

表 3-1

章　节	主　要　内　容	知　识　要　点
第一节　要素费用分配概述	要素费用的归集	直接费用直接归集，间接费用按适当方法分配
	成本对象构成要素	成本计算实体 成本计算期 成本计算空间
	成本分配方法	直接追溯法 动因追溯法 分摊法
第二节　各项要素费用的核算	材料费用的核算	材料费用的归集与分配 燃料费用的归集与分配 包装物和低值易耗品的摊销
	动力费用的核算	生产车间的动力费用要按产品分配归集
	职工薪酬的核算	工资费用的组成 工资费用的核算原始记录 工资的计算与结算 人工费用的归集和分配 职工其他薪酬费用的归集与分配
	其他要素费用的核算	固定资产折旧的核算 利息费用的归集与分配 其他费用的归集与分配

(续表)

章节	主要内容	知识要点
第三节 辅助生产费用的核算	辅助生产费用归集与分配	保证企业的产品成本计算的正确性和及时性
	辅助生产费用的归集	是否通过"制造费用"归集
	辅助生产费用的分配	单一辅助生产车间的分配 若干辅助生产车间的分配
第四节 制造费用的核算	制造费用的内容	间接用于产品生产的费用；直接用于产品生产但难以辨认归属或金额小、管理上不要求单独专设成本项目的费用
	制造费用的归集	从"原材料"等账户贷方转入
	制造费用的分配	实际分配率法 预定分配率法 累计分配率法
第五节 生产损失的核算	生产损失概述	生产损失和非生产损失
	废品损失的核算	废品损失的归集与分配 可修复废品损失的核算 不可修复废品损失的核算
	停工损失的核算	停工损失的含义 停工损失的归集
第六节 期间费用概述	销售费用的核算	产品销售过程中所发生的费用
	管理费用的核算	组织管理生产经营活动的费用
	财务费用的核算	筹集生产经营所需资金的费用

练习题

一、名词解释

1. 外购动力费用
2. 计时工资和计件工资
3. 辅助生产费用
4. 直接分配法和交互分配法
5. 计划成本分配法
6. 年度计划分配率法
7. 废品和废品损失
8. 废品的报废损失和修复费用
9. 可修复废品和不可修复废品
10. 停工损失

二、简答题

1. 简述间接计入费用的分配标准和分配方法。
2. 简述辅助生产车间制造费用核算的特点？
3. 怎样分配原材料费用？
4. 直接进行产品生产的生产工人工资，如何在各种产品之间进行分配？

5. 各项要素费用分配的会计处理方法有哪些相同之处？
6. 简述辅助生产费用分配的特点。
7. 制造费用分配方法有哪些？它们适用于何种情况？
8. 简述企业不可修复废品损失归集和分配的过程。

三、单项选择题

1. 采用按年度计划分配率法分配制造费用，"制造费用"科目期末(　　)。
   A. 有余额
   B. 可能有借方余额或贷方余额
   C. 无余额
   D. 有余额，一定在借方

2. 不在"废品损失"科目核算的内容是(　　)。
   A. 修复废品人员的工资
   B. 修复废品耗用的材料
   C. 实行"三包"损失
   D. 不可修复废品的净损失

3. 企业行政管理部门计提的固定资产折旧费，应借记(　　)。
   A. "销售费用"科目
   B. "财务费用"科目
   C. "管理费用"科目
   D. "制造费用"科目

4. 辅助生产费用直接分配法的特点是将辅助生产费用(　　)。
   A. 直接计入"辅助生产成本"科目中
   B. 直接计入辅助生产提供的劳务成本中
   C. 直接分配给所有受益的车间和部门
   D. 直接分配给辅助生产以外的各受益单位

5. 专设成本项目的生产费用都是(　　)。
   A. 直接生产费用
   B. 直接计入费用
   C. 间接生产费用
   D. 间接计入费用

6. 季节性生产企业分配制造费用应采用的分配方法是(　　)。
   A. 生产工时比例法
   B. 生产工人工资比例法
   C. 机器工时比例法
   D. 年度计划分配率分配法

7. 下列费用中，属于直接生产费用，但没有专设成本项目，因而不能直接计入"基本生产成本"费用的是(　　)。
   A. 生产车间机器设备的折旧费用
   B. 生产产品耗用的材料
   C. 车间消耗性材料
   D. 车间管理人员工资

8. 自然灾害造成的非正常停工损失应计入(　　)。
   A. 待处理财产损溢
   B. 营业外支出
   C. 管理费用
   D. 产品成本

9. 按照生活福利部门人员工资总额提取的职工福利费，实际工作中是计入(　　)。
   A. 生产成本——辅助生产成本
   B. 管理费用
   C. 制造费用
   D. 应付福利费

10. 计提行政管理部门固定资产折旧费用时，应借记科目是(　　)。
    A. 制造费用
    B. 生产成本——辅助生产成本
    C. 管理费用
    D. 生产成本——基本生产成本

11. 下列部门人员的工资,应由应付福利费用开支的是( )。
   A. 生产人员工资　　　　　　　　B. 车间管理人员工资
   C. 技术人员工资　　　　　　　　D. 生产福利部门人员工资
12. 如果辅助生产车间规模很小,发生的制造费用较少,不对外销售产品或提供劳务,为了简化核算工作,辅助生产车间的制造费用可以直接计入( )。
   A. "制造费用"科目　　　　　　　B. 生产成本——"辅助生产成本"科目
   C. "制造费用——辅助生产成本"科目　D. 生产成本——"基本生产成本"科目
13. 辅助生产车间生产的修理备用件,在其产品完工时,应从"辅助生产成本"科目贷方,转入( )。
   A. "原材料"科目的借方
   B. "生产成本——基本生产成本"科目的借方
   C. "制造费用"科目的借方
   D. "低值易耗品"科目的借方
14. 将辅助生产费用直接分配给辅助生产部门以外的各受益单位的分配是( )。
   A. 代数分配法　　　　　　　　　B. 直接分配法
   C. 计划成本分配法　　　　　　　D. 交互分配法
15. 辅助生产费用的交互分配法,实际对外分配的费用是( )。
   A. 交互分配前的费用减交互分配转出的费用
   B. 交互分配前的费用加交互分配转入的费用减交互分配转出的费用
   C. 交互分配前的费用加交互分配转入的费用
   D. 交互分配前的费用
16. 便于分析和考核受益单位的成本,并有利于分清企业内部各单位的经济责任的辅助生产费用的分配方法是( )。
   A. 代数分配法　　　　　　　　　B. 直接分配法
   C. 计划成本分配法　　　　　　　D. 交互分配法
17. 下列关于制造费用说法中,最准确的是( )。
   A. 直接用于产品生产,但没有专设成本项目的费用
   B. 间接用于产品生产,但没有专设成本项目的费用
   C. 直接计入产品成本或间接计入产品成本的费用
   D. 为生产产品(或提供劳务)而发生的,应计入产品成本,但没有专设成本项目的费用
18. 基本生产车间的一般耗料应计入( )。
   A. 制造费用　　　　　　　　　　B. 生产成本——辅助生产成本
   C. 管理费用　　　　　　　　　　D. 生产成本——基本生产成本
19. 分配制造费用常用的方法是( )。
   A. 生产工时比例法　　　　　　　B. 生产工人工资比例法
   C. 机器小时比例法　　　　　　　D. 年度计划分配率分配法
20. 生产过程中发现的或入库后发现的各种废品的损失不包括( )。
   A. 实行"三包"的损失　　　　　B. 修复废品领用的材料

C. 不可修复废品的报废损失　　　　D. 修复废品人员的工资

21. 企业为了筹集生产经营活动资金而发生的费用应计入（　　）。
　　A. 经营费用　　B. 财务费用　　C. 产品销售费用　　D. 管理费用
22. 工业企业生产经营过程中,因销售产品而发生的各项费用应计入（　　）。
　　A. 经营费用　　　　　　　　　　B. 财务费用
　　C. 销售费用　　　　　　　　　　D. 管理费用
23. 能直接计入"生产成本"账户的材料费用是指（　　）。
　　A. 生产产品领用外购材料　　　　B. 生产车间管理领用的材料
　　C. 辅助生产领用的材料　　　　　D. 行政部门管理领用的材料
24. 企业的各种期间费用期末应直接（　　）。
　　A. 计入生产成本　　　　　　　　B. 转入当期损益
　　C. 计入待摊费用　　　　　　　　D. 转入利润分配
25. 适用于季节性生产的车间分配制造费用的方法是（　　）。
　　A. 生产工时比例法　　　　　　　B. 生产工人工资比例法
　　C. 机器小时比例法　　　　　　　D. 年度计划分配率分配法
26. （　　）是指每一职工在单位时间内应得的工资总额。
　　A. 计时工资　　B. 计件单价　　C. 标准工资　　D. 工资标准
27. 在实际工作中,为了增加职工福利费,按生活福利部门人员工资和规定比例计提的职工福利费,不是由职工福利费列支,而作为（　　）列支。
　　A. 管理费用　　　　　　　　　　B. 应付工资
　　C. 应付福利费　　　　　　　　　D. 其他业务支出
28. 制造费用绝大部分是由企业的（　　）发生的。
　　A. 车间或分厂　　　　　　　　　B. 财务部门
　　C. 行政管理部门　　　　　　　　D. 营销中心
29. 经过质量检验部门鉴定不需返修,可以降价出售的不合格产品的降价损失,应（　　）。
　　A. 作为废品损失处理　　　　　　B. 作为销售费用处理
　　C. 作为管理费用处理　　　　　　D. 在计算销售损益时体现

四、多项选择题
1. 企业的废品损失包括（　　）。
　　A. 可修复废品的修复费用　　　　B. 不可修复废品的报废损失
　　C. 不合格产品的降价损失　　　　D. 产品保管不善造成的霉烂变质损失
2. 原材料费用的分配标准主要有（　　）。
　　A. 产品工时定额　　　　　　　　B. 产品重量
　　C. 产品体积　　　　　　　　　　D. 材料定额消耗量
3. 下列各项属于制造费用的是（　　）。
　　A. 车间的机物料消耗　　　　　　B. 机器设备的折旧费
　　C. 车间管理人员的工资　　　　　D. 融资租入固定资产的租赁费

4. 要素费用的归集和分配，对于间接计入费用的分配标准主要有（　　）。
   A. 成果类　　　　　　　　　　　B. 消耗类
   C. 加工类　　　　　　　　　　　D. 定额类
5. 职工工资总额的组成内容主要有（　　）。
   A. 计时工资　　　　　　　　　　B. 各种奖金
   C. 各种津贴　　　　　　　　　　D. 劳动保险费
6. 实际发生或支付外购动力费时，借记有关科目应贷记的科目是（　　）。
   A. 制造费用　　　　　　　　　　B. 银行存款
   C. 管理费用　　　　　　　　　　D. 应付账款
7. 企业下列固定资产中不应计提折旧的有（　　）。
   A. 提前报废的固定资产　　　　　B. 经营租赁方式租入的固定资产
   C. 正在使用的房屋、建筑物　　　D. 融资方式租入的固定资产
8. 下列计提的应付福利费中，应计入管理费用的是（　　）。
   A. 按生产车间技术、管理人员工资总额计提的福利费
   B. 按生活福利部门人员工资计提的福利费
   C. 按行政管理部门人员工资总额计提的福利费
   D. 按生产工人工资总额计提的福利费
9. 采用顺序分配法分配辅助生产费用，应按照各辅助生产车间（　　）。
   A. 受益数量多少排列顺序　　　　B. 受益金额多少排列顺序
   C. 受益少的排列在前　　　　　　D. 受益多的排列在后
10. 下列固定资产计提的折旧不能计入产品成本的有（　　）。
    A. 专设销售机构的设备计提的折旧　　B. 生产车间机器设备计提的折旧
    C. 厂房计提的折旧　　　　　　　　　D. 企业行政管理部门的设备计提的折旧
11. 企业下列固定资产中应计提折旧的有（　　）。
    A. 季节性停用的设备　　　　　　B. 已经单独估价入账的土地
    C. 未使用的房屋、建筑物　　　　D. 融资方式租出的固定资产
12. 生产过程中，工资费用分配时，可以借记的科目有（　　）。
    A. 生产成本——基本生产成本　　B. 制造费用
    C. 管理费用　　　　　　　　　　D. 应付福利费
13. 经过要素费用分配，计入"基本生产成本"科目借方的费用是（　　）。
    A. 其他费用　　　　　　　　　　B. 原材料费用
    C. 生产工人工资及福利费　　　　D. 机器设备的折旧费
14. 辅助生产费用分配方法有（　　）。
    A. 简化分批法　　　　　　　　　B. 交互分配法
    C. 代数分配法　　　　　　　　　D. 顺序分配法
15. 分配辅助生产费用分配方法的说法中，正确的有（　　）。
    A. 直接分配法　　　　　　　　　B. 交互分配法
    C. 代数分配法　　　　　　　　　D. 计划成本分配法

16. 下列关于辅助生产费用分配方法的说法中,正确的有(　　)。
    A. 直接分配法下,各辅助生产车间之间不相互分配费用
    B. 交互分配法下,对外分配的辅助生产费用是交互分配前的费用
    C. 代数分配法下,各辅助生产车间之间相互分配费用
    D. 计划成本分配法下,辅助生产成本差异一般全部计入管理费用

17. 辅助生产费用按计划成本分配法的优点有(　　)。
    A. 简化计算工作　　　　　　　　B. 分配结果最准确
    C. 能考核辅助生产成本计划的执行情况　　D. 有利于分清内部经济责任

18. 采用交互分配法分配辅助生产费用,计算对外费用分配率时,涉及的因素有(　　)。
    A. 各辅助车间提供的劳务总量　　　B. 各辅助车间对外提供的劳务的数量
    C. 交互分配后对外分配的费用　　　D. 交互分配前的费用总额

19. 制造费用的项目可以按照费用的(　　)。
    A. 经济用途设立　　　　　　　　B. 经济内容设立
    C. 开支范围设立　　　　　　　　D. 经济效益设立

20. 下列属于管理费用核算内容的有(　　)。
    A. 坏账损失　　　　　　　　　　B. 工会经费
    C. 职工医药费　　　　　　　　　D. 印花税

21. 下列停工损失中不应由产品成本负担的有(　　)。
    A. 应由过失人赔偿的停工损失
    B. 原材料供应不足,造成停工时间较长的停工损失
    C. 自然灾害引起的停工损失
    D. 季节性停工损失

22. 不计入产品成本,而直接计入当期损益的费用包括(　　)。
    A. 制造费用　　　　　　　　　　B. 管理费用
    C. 财务费用　　　　　　　　　　D. 销售费用

23. 发生或支付各项产品销售费用时,可以贷记的科目有(　　)。
    A. 银行存款　　　　　　　　　　B. 应收账款
    C. 应付工资　　　　　　　　　　D. 应付福利费

24. 计算应付职工工资(工资总额)的依据主要有(　　)。
    A. 考勤记录　　　　　　　　　　B. 产量记录
    C. 工资等级　　　　　　　　　　D. 工资标准

25. 不可修复废品成本,可以按(　　)计算。
    A. 废品所耗实际费用　　　　　　B. 废品所耗定额费用
    C. 废品售价　　　　　　　　　　D. 废品残值

26. 下列项目中,属于资产的有(　　)。
    A. 长期待摊费用　　　　　　　　B. 生产成本
    C. 递延资产　　　　　　　　　　D. 长期投资

27. 企业辅助生产车间不设"制造费用"科目,是因为(   )。
   A. 没有必要
   B. 为了简化核算工作
   C. 辅助生产车间不对外销售产品
   D. 辅助生产车间规模小,制造费用很高

28. 按年度计划分配率法分配制造费用后,"制造费用"科目月末(   )。
   A. 有借方余额   B. 只有借方余额
   C. 有贷方余额   D. 只有贷方余额

29. 计入产品成本的各种材料费用,按照用途分配,应计入(   )科目借方。
   A. 管理费用   B. 制造费用
   C. 长期待摊费用   D. 生产成本

五、判断题

1. 采用直接分配法分配辅助生产费用时,不考虑各种辅助生产车间之间相互提供产品或劳务的情况。(   )

2. 购建固定资产、无形资产等资本性支出,不计入产品成本而直接计入当期损益。(   )

3. 工资费用全部计入产品成本和经营管理费用。(   )

4. 在采用计时工资情况下,若生产一种产品,则生产人员工资及福利费应直接计入该种产品成本。(   )

5. 分配制造费用不论选用哪一种方法,"制造费用"科目期末都没有余额。(   )

6. 直接用于产品生产的费用,应单独计入"基本生产成本"总账科目。(   )

7. 直接用于产品生产但没有专设成本项目的各项费用,应先计入"制造费用"科目,然后,通过一定的分配程序转入"基本生产成本"科目。(   )

8. 用于产品销售、行政部门管理和组织生产经营活动以及筹集资金活动的费用,应按一定的标准分配计入"销售费用""管理费用"和"财务费用"科目。(   )

9. 在只生产一种产品或者是按照产品品种分别领用,直接用于产品生产的燃料属于直接计入费用,可以直接计入各种产品成本。(   )

10. 直接用于产品生产的辅助材料,一般属于直接计入费用,应直接计入各种产品成本的"原材料"成本项目。(   )

11. 原材料费用分配的标准很多,在原材料消耗定额比较准确的情况下,原材料费用以产品的原材料定额消耗用量(费用)为标准来分配较为适当。(   )

12. 直接用于产品生产、构成产品实体的原材料费用,属于直接计入费用,应直接计入各种产品成本明细账的"原材料"成本项目。(   )

13. 几种产品共同耗用的原材料费用,属于间接计入费用,应采用适当的分配方法,在各种产品之间进行分配,然后计入各种产品成本明细账的"原材料"成本项目。(   )

14. 工资费用的大部分,应计入产品成本和期间费用,但也有一些费用不计入产品成本和期间费用,如生活福利部门人员的工资由福利费开支。(   )

15. 采用按月预提、按季结算办法核算利息费用,季末实际支付利息费用时冲减预提费用,实际支付的利息费用与预提费用的差额,应调整计入季末月份的财务费用。
（　　）

16. 为了简化计算,月份内减少的固定资产当月不计提折旧,月份内增加的固定资产当月照提折旧。（　　）

17. 固定资产折旧费用按照固定资产的使用车间、部门进行汇总,然后与生产单位（车间）、部门的其他费用一起分配计入产品成本和期间费用。（　　）

18. 未使用的房屋建筑物,一般来说不计提折旧。（　　）

19. 未提足折旧而提前报废的固定资产,报废时应补提折旧。（　　）

20. 实际工作中按生活福利部门人员工资总额提取的福利费是作为管理开支,而不由应付福利费开支。（　　）

21. 费用要素中的其他费用如水电费、办公费等,若属于产品成本组成部分的各种费用,由于没有专设成本项目,因此,在发生这些费用时,应按照发生的车间和用途进行归类核算,计入产品成本。（　　）

22. 采用交互分配法分配辅助生产费用时,对外分配的生产费用,应为交互分配前的费用加上交互分配时转入的费用减去交互分配转出的费用。（　　）

23. 采用代数分配法分配辅助生产费用时,运用代数中解联立方程的原理,直接分配各受益部门应负担的费用,故不需要计算辅助生产产品或劳务的单位成本。（　　）

24. 采用计划成本分配辅助生产费用时,计算出的辅助生产车间实际发生的费用,是完全的实际费用。（　　）

25. 制造费用是指企业为生产产品（或提供劳务）而发生的,应计入产品成本,但没有专设成本项目的各项生产费用。制造费用大部分是间接用于产品生产的费用。（　　）

26. 采用生产工人工资比例法分配制造费用时,为了不影响制造费用分配的合理性,要求各种产品生产的机械化程序相差不多。（　　）

27. 制造费用所采用的所有分配方法,分配后"制造费用"科目期末没有余额。
（　　）

28. 废品是指生产过程中发现的,不符合产品的技术标准,不能按原定用途使用,或需要加工修理才能使用的在产品、半成品或成品。（　　）

29. 单独核算废品损失的企业,应单设"废品损失"科目,月末该科目有借方余额。
（　　）

30. 期间费用包括管理费用、财务费用和制造费用。（　　）

31. 所有期间费用期末均应结转到"本年利润"科目,结转后科目没有余额。
（　　）

32. 月末车间已领未用原材料,如果下月生产还要用,应办理"假退料"手续,不能计入本月份的生产费用,不能由本月产品成本负担。（　　）

33. 应付计时工资的日工资率,按 30 天计算时,星期天、节假日不付工资,因而缺勤期间的星期天、节假日不扣工资。（　　）

34. 计件工资计算,就是根据职工生产的全部产品数量和计件单价来计算的。
（　　）

35. 企业发生其他费用支出,如差旅费、邮电费、保险费、运输费、水电费等,应该计入产品成本。（　　）

36. 加速折旧法主要包括双倍余额递减法和年数总和法,无论哪一种,其计算的方法都不能是一样的。（　　）

37. 基本生产车间固定资产的修理费是产品成本的组成部分,应与企业行政管理部门、专设销售机构固定资产修理费一起间接计入产品成本。（　　）

38. 应付工资即实付工资。（　　）

39. 固定资产不论是行政管理部门使用还是福利部门使用,其折旧费都可计入"管理费用"账户。（　　）

40. 计件工资包括个人计件工资和集体计件工资两种,无论哪一种,其计算方法都是一样的。（　　）

六、业务题

1. 某企业生产 A、B、C 三种产品,共同耗用原材料 24 000 元。生产 A 产品 500 件,单件产品原材料定额消耗量为 8 千克;生产 B 产品 600 件,单件产品原材料定额消耗量为 5 千克;生产 C 产品 1 000 件,单件产品原材料定额消耗量为 3 千克。

要求:按原材料定额消耗量比例在 A、B、C 三种产品之间分配原材料费用。

2. 某企业生产甲、乙产品,共同领用 A、B、C 三种材料,共计 48 000 元。本月投产甲产品 200 件,乙产品 400 件。甲产品单件原材料消耗定额:A 材料 4 千克,B 材料 5 千克,C 材料 2 千克;乙产品单件原材料消耗定额:A 材料 4 千克,B 材料 2 千克,C 材料 4 千克;A 材料的单价为 5 元,B 材料的单价为 10 元,C 材料的单价为 5 元。

要求:按原材料定额费用比例在甲、乙两种产品间分配原材料费用。

3. 某车间本月生产甲、乙、丙三种产品,共同领用原材料 12 000 千克,每千克计划单价 8 元,材料成本差异率为 +2%,本期三种产品的实际产量分别为 400 件、500 件和 600 件,单件材料消耗定额分别为 50 千克、30 千克和 75 千克。

要求:根据以上资料,采用定额耗用量比例法计算甲、乙、丙三种产品应分配的原材料费用。

4. 某企业 12 月份耗电 20 000 度,每度电 0.6 元。该企业基本生产车间耗电 13 000 度,其中生产耗电 10 000 度,车间照明用电 3 000 度,企业行政管理部门耗电 7 000 度。该企业基本生产车间本月生产甲、乙两种产品,甲产品定额工时 36 000 小时,乙产品定额工时 24 000 小时。

要求:按所耗电度数分配电力费,并编制有关会计分录。

5. 某企业生产 A、B 两种产品,生产工人的计件工资分别为:A 产品 1 960 元,B 产品 1 640 元;A、B 两种产品计时工资共计 8 400 元,A、B 两种产品的定额工时分别为 7 200 小时,4 800 小时。车间管理人员工资 4 000 元,行政管理人员工资 3 000 元,医务福利人员工资 1 000 元。

要求:按定额工时比例分配 A、B 两种产品的计时工资,并编制会计分录。

6. 某企业有供电和机修两个辅助生产车间，10月份供电车间供电50 000度，费用总额为17 600元，机修车间提供修理3 720小时，费用总额为3 720元，具体受益如表3-2所示。

表3-2

受益对象		耗电（度）	机修（小时）
供电车间			620
机修车间		6 000	
基本生产车间	甲产品	26 000	
	乙产品	13 000	
	车间一般	2 000	2 400
企业管理部门		3 000	700
合　计		50 000	3 720

要求：根据以上资料，分别采用直接分配法、交互分配法、计划成本分配法（假设每度电的计划成本为0.33元，每小时的计划修理费为1.80元）、代数分配法分配辅助生产费用，并编制有关的会计分录。

7. 某企业设置供电、供水两个辅助生产车间。供电车间本月发生的费用为5 000元，供电25 000度，其中：为供水车间供电5 000度，为生产甲产品供电8 000度，为生产乙产品供电7 000度，为基本生产车间提供照明用电3 000度，为企业管理部门供电2 000度。供水车间本月发生费用3 000元，供水总量为12 000吨，其中：为供电车间供水2 000吨，为基本生产车间供水7 000吨，为企业管理部门供水3 000吨。

要求：采用直接分配法分配供电、供水费用，并编制会计分录。

8. 某基本生产车间生产甲、乙、丙三种产品，共计生产工时22 000小时，其中，甲产品7 500小时，乙产品8 500小时，丙产品6 000小时。本月发生各种间接费用如下：

（1）以银行存款支付劳动保护费1 300元。

（2）车间管理人员工资4 000元。

（3）按车间管理人员工资14%计提应付福利费。

（4）车间消耗材料1 700元。

（5）车间固定资产折旧费1 600元。

（6）预提修理费500元。

（7）本月摊销保险费400元。

（8）辅助生产成本转入1 200元。

（9）以银行存款支付办公费、水电费及其他支出共计1 940元。

（10）采用生产工时比例法在各种产品之间分配制造费用。

要求：根据上述资料编制制造费用发生和分配的制造费用。

9. 某企业基本生产车间10月份投产乙产品500件,月末完工验收入库时发现废品15件;合格产品和废品的全部生产工时为30 000小时,其中废品的生产工时为900小时。乙产品成本计算单所列合格品和废品的全部生产费用为:原材料27 500.00元,燃料和动力13 200,工资及福利费18 000.00元,制造费用9 900.00元。原材料是在生产开始时一次投入的。废品残料入库共作价300.00元。

要求:计算废品生产成本及净损失,并编制有关会计分录。

10. 某企业基本生产车间10月份在甲产品的生产过程中发现不可修复的废品22件,按所耗定额费用计算不可修复废品的生产成本。单件产品原料费用定额为60.00元,已完成的定额工时共计200小时,每小时的费用定额为:燃料和动力1.30元,工资和福利费1.80元,制造费用1.00元。废品的残料每件作价20.00元入辅助材料库,每件废品应由过失人赔偿4元,废品的净损失由当月同种合格品成本负担。

要求:计算甲产品不可修复废品的生产成本及净损失,并编制相关会计分录。

11. 某工业企业基本生产车间全年制造费用计划数为234 000.00元,全年各种产品计划产量:A产品19 000吨,B产品6 000吨,C产品8 000吨。单位产品的工时定额为:A产品5小时,B产品7小时,C产品7.25小时。本月份实际产量:A产品1 800吨,B产品700吨,C产品500吨。本月份实际发生的制造费用为20 600.00元。

要求:按年度计划分配率法分配制造费用,并编制会计分录。

12. 某工业企业制造费用采用按年度计划分配率进行分配,有关资料如表3-3所示。

表3-3

产品名称	全年计划产量(件)	单位产品工时定额	年度计划产量定额工时	本月实际产量	本月实际产量定额工时
甲	960	6.4	6 144	88	563.2
乙	768	4.0	3 072	80	320
合计			9 216		883.2

年度制造费用的计划总额为55 296元。

要求:(1)计算制造费用年度计划分配率;(2)计算本月甲、乙产品各应分配的制造费用;(3)计算本月应分配转出的制造费用。

13. 某工业企业设有一车间、二车间两个基本生产车间,一车间生产A、B两种产品,二车间生产C产品,并设有机修和供电两个辅助生产车间。有关资料如表3-4、表3-5所示。

表3-4 生产费用和劳务供应量

辅助车间	生产费用(元)	劳务供应量
机修	18 000	5 000小时
供电	90 000	100 000度

表3-5 各受益单位耗用劳务情况

受益单位		耗用劳务量	
		修理工时	用电度数
机修车间			10 000
供电车间		500	
第一车间	A产品		30 000
	B产品		24 000
	一般耗用	2 800	9 000
第二车间	C产品		18 000
	一般耗用	1 500	6 000
企业管理部门		200	3 000
合计		5 000	100 000

要求：根据上述资料，采用直接分配法分配辅助生产费用，编制辅助生产费用分配表(表3-6)和相应会计分录。

表3-6 辅助生产费用分配表(直接分配法)

分配方向			对外分配		
辅助车间名称			机修车间	供电车间	合计
待分配费用(元)					
劳务供应数量					
单位成本(分配率)					
基本车间	A产品	耗用数量			
		分配金额			
	B产品	耗用数量			
		分配金额			
	C产品	耗用数量			
		分配金额			
	一车间	耗用数量			
		分配金额			
	二车间	耗用数量			
		分配金额			
企业管理部门		耗用数量			
		分配金额			
分配金额合计					

14. 某工业企业某月发生动力费用 7 600 元,通过银行支付,月末查明各车间、部门耗电度数为:基本生产车间耗电 5 000 度,其中车间照明用电 500 度;辅助生产车间耗电 2 000 度,其中车间照明用电 300 度;企业管理部门耗电 600 度。

要求:(1) 按所耗电度数分配电力费用,A、B 产品按生产工时分配电费。A 产品生产工时为 3 000 小时,B 产品生产工时为 2 000 小时。(2) 编制该月支付与分配外购电费的会计分录(该企业基本车间明细账不设"燃料及动力"成本项目,辅助车间不设"制造费用"明细账,所编分录列示到成本项目)。

15. 某企业生产甲、乙两种产品,共同耗用 A、B 两种原材料,原材料计划单价为:A 材料 6 元,B 材料 8 元,原材料成本差异率为-2%。有关资料如表 3-7 所示。

表 3-7

产品名称	投产数量	单件产品材料消耗定额		实际消耗材料数量 (甲乙共同消耗)	
		A 材料	B 材料	A 材料	B 材料
甲	200 件	5 千克	10 千克		
乙	100 件	4 千克	2 千克		
合计				1 400 千克	3 300 千克

要求:(1) 按定额消耗量比例分配材料费用;(2) 编制耗用原材料的会计分录。

16. 某工业企业某工人加工甲、乙两种产品。甲产品工时定额为 24 分钟,乙产品工时定额为 18 分钟。该工人的小时工资率为 5.20 元,该月加工甲产品 250 件,乙产品 200 件。

要求:(1) 计算甲乙两种产品的计件工资单价;(2) 按产品产量和计件单价计算其计件工资;(3) 按完成产品的定额工时和小时工资率计算其计件工资。

17. 假设某工业企业有一个基本生产车间和一个辅助生产车间,前者生产甲、乙两种产品,后者提供一种劳务。某月份发生有关经济业务如下:(1) 该企业辅助生产的制造费用通过"制造费用"科目核算,月末辅助生产车间"制造费用"明细账的借方发生额为 4 430 元;(2) 月末,"辅助生产成本"账户借方发生额为 3 954 元(在辅助生产车间"制造费用"账户的发生额分配结转之前),辅助生产车间提供的劳务采用直接分配法分配,其中应由行政管理部门负担 3 140 元;(3) 月末,基本生产车间"制造费用"明细账的借方发生额为 8 032 元(在辅助生产成本分配结转之前),基本生产车间的制造费用按产品机器工时比例分配,其机器工时为:甲产品 1 670 小时,乙产品 1 685 小时。

要求:根据以上资料(1) 编制分配结转辅助生产车间制造费用的会计分录;(2) 分配辅助生产成本,编制会计分录;(3) 计算和分配基本生产车间制造费用,编制会计分录。

18. 某企业基本生产车间全年计划制造费用为 163 200 元。全年各产品的计划产量:甲产品 24 000 件,乙产品 18 000 件。单位产品工时定额:甲产品 4 小时,乙产品 6 小时。1 月份实际产量:甲产品 1 800 件,乙产品 1 500 件。1 月份实际发生制造费用

13 000元。

要求：(1)计算制造费用年度计划分配率；(2)计算并结转1月份应分配转出的制造费用；(3)计算1月末"制造费用"账户余额。

19. 某企业生产甲、乙两种产品，耗用原材料共计62 400元。本月投产甲产品220件，乙产品256件。单位原材料费用定额：甲产品120元，乙产品100元。

要求：采用定额费用比例法分配材料费用，并将结果填入表3-8中。

表3-8 材料费用分配表

车间或部门名称：　　　　　　　　20×1年1月　　　　　　　　　　　　　　单位：元

车间、部门		分配计入的材料费用			材料费用合计
		定额费用	分配率	分配金额	
基本生产车间	甲产品				
	乙产品				
合　　计					

20. 某企业本月生产甲、乙两种产品，甲产品实际生产工时为7 200小时，乙产品实际生产工时为4 800小时，支付给生产工人的工资为42 000元，蒸汽车间生产工人的工资为8 200元，机修车间生产工人的工资为5 000元，基本生产车间管理人员的工资为8 300元，企业行政管理部门的管理人员的工资为18 000元。

要求：采用生产工时比例法分配工资费用，并将结果填入表3-9中。

表3-9 工资费用分配表

20×1年1月　　　　　　　　　　　　　　单位：元

车间、部门		成本项目	生产工时	分配率	应分配的工资费用
基本生产车间	甲产品				
	乙产品				
	小　计				
辅助生产车间	蒸汽车间				
	机修车间				
	小　计				
制造费用					
管理费用					
合　　计					

21. 某企业设有机修、运输和供气三个辅助生产车间、部门。机修车间发生的费用4 000元，劳务总量2 000小时，其中：为运输部门提供400小时，为供气车间提供200小时。运输部门发生的费用10 000元，劳务总量20 000吨·公里，其中：为机修车间提

供 1 000 吨·公里；为供气车间提供 2 000 吨·公里。供气车间发生的费用 3 600 元，劳务总量 40 000 立方米，其中：为机修车间提供 6 000 立方米。

要求：(1) 按直接分配法计算该三个辅助生产车间的费用分配率；(2) 按交互分配法计算交互分配费用及对外分配率；(3) 以交互分配结果测定"顺序"，按顺序分配法计算三个辅助生产车间费用分配顺序分配率；(4) 按代数分配法计算三个辅助生产车间费用的代数分配率；(5) 设三个辅助生产车间的计划单位成本为：修理 2.20 元/小时，运输 0.60 元/吨·公里，供气 0.10 元/立方米，按计划成本分配法计算三个辅助生产车间的费用成本差异。

22. 某企业基本生产车间生产甲、乙两种产品，20×1 年 5 月该车间实际发生的制造费用为 24 000 元。生产工人计件工资分别为：甲产品 1 960 元；乙产品 1 640 元。甲、乙产品计时工资共计 8 400 元。甲、乙产品生产工时分别为 7 200 小时、4 800 小时。机器工时分别为 7 000 小时、3 000 小时。

要求：(1) 采用生产工时比例法分配制造费用；(2) 采用生产工人工资比例法分配制造费用；(3) 采用机器工时比例法分配制造费用。

23. 某企业某车间全年制造费用计划为 55 000 元。全年各种产品的计划产量为：A 产品 2 600 件；B 产品 2 250 件。单件产品的工时定额为：A 产品 5 小时；B 产品 4 小时。该车间 5 月份的实际产量为：A 产品 240 件；B 产品 150 件。该月的实际制造费用为 4 900 元。

要求：采用预定分配率法分配制造费用，并作相应会计分录。

24. 某企业 20×1 年 5 月份生产甲产品 400 件，验收入库时发现不可修复废品 10 件；合格生产工时为 3 900 小时，废品工时为 100 小时，甲产品成本明细账所记录的全部生产费用为：直接材料 24 000 元，直接人工 1 200 元，制造费用 2 400 元。原材料在生产开始时一次投入，废品残料的价值为 52 元。

要求：根据以上资料，按废品所耗的实际费用，编制不可修复废品损失计算表（表 3-10），并编制有关废品损失的会计分录。

表 3-10 废品损失计算表

产品名称：甲产品　　　　　　　　20×1 年 5 月　　　　　　　　　　　单位：元

项　目	直接材料	生产工时(小时)	直接人工	制造费用	合　计
费用定额					
废品定额成本					
减：残值					
废品损失					

第四章 生产费用在完工产品与在产品之间的分配

学习指导

通过本章学习,读者将能明确在产品与完工产品的含义,并掌握几种常用的生产费用在完工产品与在产品之间分配的方法。本章各节主要内容及知识要点如表4-1所示。

表 4-1

章 节	主 要 内 容	知 识 要 点
第一节 在产品的概念及其数量的核算	在产品的含义及内容	广义与狭义
	在产品数量的核算	在产品收发结存的日常核算 在产品清查的核算
第二节 完工产品与在产品之间费用的分配	在产品成本和完工产品成本之间的关系	月初在产品成本+本月发生的生产费用=本月完工产品成本+月末在产品成本
	生产费用在完工产品与在产品之间的分配方法	不计算在产品成本法 按年初数固定计算在产品成本法 在产品按所耗直接材料计价法 约当产量比例法 在产品按完工产品成本计价法 在产品按定额成本计价法 定额比例法
第三节 完工产品成本的结转	完工产品成本转出	转入"库存商品"账户及相关科目

练习题

一、名词解释

1. 按所耗原材料费用计算在产品成本法
2. 在产品、半成品和产成品
3. 约当产量和约当产量比例法
4. 不计算在产品成本法
5. 按完工产品成本计算在产品成本法
6. 按定额成本计算在产品成本法
7. 定额比例法
8. 在产品按所耗直接材料计价法

二、简答题

1. 怎样计算在产品的完工程度(完工率)?

2. 生产费用在完工产品与在产品之间分配的方法有哪几种？确定采用什么方法时应考虑哪些具体条件？

3. 简述定额比例法的特点和适用范围。

4. 什么是在产品？如何进行在产品数量的核算？

5. 简述约当产量比例法的特点和适用范围。

6. 原材料在每道工序随加工进度陆续投入；原材料在每道工序开始时一次性投入。在上述两种情况下应该如何分别计算各道工序的投料率？

三、单项选择题

1. 月末在产品数量较大，各月末在产品数量变化也较大，原材料费用占产品成本比重较大，月末完工产品与在产品之间费用分配，应采用（　　）。
   A. 约当产量比例法　　　　　　B. 在产品按定额成本计算法
   C. 定额比例法　　　　　　　　D. 在产品按所耗原材料费用计算法

2. 按规定核销盘亏在产品成本时，应由过失人赔偿的部分转入（　　）。
   A. "营业外支出"科目　　　　　B. "生产成本——其他应收款"科目
   C. "制造费用"科目　　　　　　D. "生产成本——基本生产成本"科目

3. 完工产品与月末在产品之间分配费用的不计算在产品法，适用于（　　）。
   A. 月末在产品数量很小　　　　B. 月末在产品数量很大
   C. 各月末在产品数量变化很小　D. 各月末在产品数量固定

4. 各月末在产品数量相差不多，为简化核算，月末在产品成本计算可以采用（　　）。
   A. 不计算在产品成本法
   B. 在产品成本按所耗原材料费用计算法
   C. 在产品按定额成本计算法
   D. 按年初数固定计算在产品成本法

5. 按规定核销盘盈在产品成本时，应借记"待处理财产损溢"科目，贷记的科目是（　　）。
   A. "生产成本——基本生产成本"　B. "生产成本——管理费用"
   C. "制造费用"　　　　　　　　　D. "生产成本——辅助生产成本"

6. 如果定额管理基础比较好，定额比较准确、稳定、各月末在产品数量变化不大的产品，完工产品与在产品之间的费用分配可以采用（　　）。
   A. 定额比例法　　　　　　　　B. 在产品按定额成本计算法
   C. 按所耗原材料费用计算法　　D. 按年初数固定计算在产品的成本法

7. 月末在产品数量较大，各月末在产品数量变化也较大、成本在各项费用比例相差不多的产品，月末在产品成本可以采用的计算方法是（　　）。
   A. 约当产量比例法　　　　　　B. 在产品按定额成本计算法
   C. 定额比例法　　　　　　　　D. 在产品按所耗原材料费用计算法

8. 按完工产品和月末在产品数量比例分配原材料费用的条件是（　　）。
   A. 在产品绝大部分完工　　　　B. 在产品成本中原材料费用比重较大

C. 原材料在生产开始时一次投入   D. 原材料消耗量定额比较准确、稳定

9. 按定额比例法分配计算完工产品成本和月末在产品成本,通常除原材料费用外,工资及福利费等其他费用一般采用的分配标准是( )。
  A. 约当产量比例   B. 计划工时比例
  C. 定额工时比例   D. 定额工资比例

10. 某种产品需经过三道工序制成,原材料消耗定额为500千克,各道工序消耗的原材料依次为:120千克、180千克、200千克。原材料是在各道工序开始时一次投入,则第三道工序的完工程度为:( )。
  A. 12%   B. 24%   C. 80%   D. 100%

11. 某种产品需经过三道工序制成。原材料消耗定额为500千克,各道工序消耗的原材料依次为:120千克、180千克、200千克。原材料在各道工序随加工进度投入,则第三道工序的完工程度为( )。
  A. 42%   B. 24%   C. 80%   D. 100%

12. 如果某产品所耗原材料费用在生产开始时一次投料,则完工产品与月末在产品应负担的原材料费用可按下列比例计算分配( )。
  A. 所耗原材料数量   B. 在产品约当量
  C. 在产品数量折半   D. 完工产品产量与在产品数量

13. 结转完工自制材料成本应借记的科目是( )。
  A. 生产成本——基本生产成本   B. 制造费用
  C. 原材料   D. 产成品

14. 分配加工费用时采用的在产品完工率,是指在产品( )。
  A. 所在工序的工时定额之半与完工产品工时定额比率
  B. 所在工序的工时定额与完工产品工时定额比率
  C. 上道工序止累计工时定额和所在工序的工时定额之半的合计数与完工产品工时定额比率
  D. 所在工序止累计的工时定额与完工产品工时定额比率

15. 采用定额比例法分配完工产品与月末在产品费用,其优点是( )。
  A. 分配结果比较准确,便于将实际费用与定额费用进行比较
  B. 便于正确计算月末在产品成本
  C. 便于正确计算完工产品成本
  D. 有利于成本的考核及计划执行情况

16. 狭义的在产品包括( )。
  A. 正在车间加工的产品   B. 需要进一步加工的半成品
  C. 产成品   D. 对外销售的自制半成品

17. 某企业生产甲产品经过两道工序,各工序的工时定额分别为10小时和20小时,则第二道工序的完工率为( )。
  A. 50%   B. 66.67%   C. 100%   D. 16.67%

18. 甲产品由两道工序组成,采用在产品按定额成本计价法分配计算完工产品和

月末在产品费用。各工序的工时定额为：第一工序32小时,第二工序12小时。第二工序在产品的累计工时定额为（　　）。

A. 16小时　　　　B. 38小时　　　　C. 44小时　　　　D. 22小时

19. 某工业企业某种产品本月完工250件,月末在产品160件,在产品完工程度测定为40%;月初和本月发生的原材料费用共为56 520元,原材料随着加工程度陆续投入,则完工产品和月末在产品的原材料费用分别为（　　）。

A. 45 000元和11 250元　　　　　　B. 45 000元和11 520元

C. 34 298元和21 952元　　　　　　D. 40 000元和16 250元

20. 某工业企业某种产品本月完工250件,月末在产品160件,在产品完工程度测定为60%;月初和本月发生的原材料费用共为41 520元,原材料随着加工程度陆续投入,则完工产品月末在产品的原材料费用分别为（　　）。

A. 40 000元和1 250元　　　　　　B. 25 000元和16 520元

C. 30 000元和11 520元　　　　　　D. 35 000元和6 250元

四、多项选择题

1. 下列项目中属于企业在产品的有（　　）。

A. 正在车间加工的产品

B. 需要继续加工的半成品

C. 已验收入库对外销售的自制半成品

D. 尚未验收入库的产品

2. 按规定核销盘亏的在产品成本时,可以借记的科目有（　　）。

A. 生产成本——基本生产成本　　　B. 制造费用

C. 营业外支出　　　　　　　　　　D. 其他应收款

3. 选择完工产品与在产品之间分配生产费用的方法时,应考虑的条件有（　　）。

A. 月末在产品数量的多少　　　　　B. 各月末在产品数量变化的大小

C. 产品成本中各项费用比重的大小　D. 定额管理基础的好坏

4. 完工产品与在产品之间分配生产费用采用不计算在产品成本法的适用范围是（　　）。

A. 月末在产品数量很少

B. 不计算在产品成本对完工产品成本影响很小

C. 管理上不要求计算在产品成本

D. 定额管理基础较好

5. 按年初数固定计算在产品成本法的适用范围是（　　）。

A. 不计算在产品成本对完工产品成本影响很小

B. 各月末在产品数量相差不多的产品

C. 月末在产品数量大,但各月末的在产品数量变化不大

D. 定额管理基础较好

6. 约当产量比例法适用于（　　）。

A. 在生产开始时一次投入的原材料费用的分配

B. 工资等其他加工费用的分配

C. 各种生产费用的分配

D. 随生产进度陆续投入的原材料费用的分配

7. 在完工产品和月末在产品之间分配费用的约当产量比例法的适用范围是(　　)。

　　A. 月末在产品数量很大

　　B. 各月末在产品数量变化较大

　　C. 成本中各项费用比重相差不多

　　D. 在产品所耗原材料费用占的比重较大

8. 按完工产品成本计算在产品成本法适用于(　　)。

　　A. 已经接近完工的产品

　　B. 已经加工完成但尚未验收入库的产品

　　C. 所耗原材料费用比重较大的在产品

　　D. 定额管理基础较好的产品

9. 采用在产品按定额成本计算法,应具备的条件是(　　)。

　　A. 月末在产品数量较少

　　B. 各项消耗定额或费用定额比较准确、稳定

　　C. 各月末在产品数量变动不大

　　D. 成本中原材料费用占的比重较大或各项费用比重相差不大的产品

10. 下列各项支出属于资本性支出的有(　　)。

　　A. 购建房屋、建筑物的支出　　　　B. 购建机器设备的支出

　　C. 短期借款的利息支出　　　　　　D. 研究开发和申请专利权的支出

11. 分配完工产品与月末在产品的生产费用,通常采用的方法有(　　)。

　　A. 计划成本分配法　　　　　　　　B. 代数分配法

　　C. 定额比例法　　　　　　　　　　D. 约当产量比例法

12. 产品、自制的材料等完工时,从"生产成本——基本生产成本"科目的贷方转出,其借记的科目有(　　)。

　　A. 制造费用　　B. 产成品　　C. 原材料　　D. 低值易耗品

13. 企业的在产品主要包括(　　)。

　　A. 正在车间加工的产品

　　B. 等待返修的废品

　　C. 尚未验收入库的产成品

　　D. 某步骤已完工还需继续进行加工的半产品

14. 采用定额比例法分配完工产品与在产品的生产费用时,原材料费用通常采用的分配标准是(　　)。

　　A. 定额工时比例　　　　　　　　　B. 定额消耗量比例

　　C. 实际工时比例　　　　　　　　　D. 约当产量比例法

15. 采用约当产量比例法,必须正确计算在产品的约当产量,而在产品约当产量计算正确与否取决于产品完工程度的测定,测定在产品完工程度的方法有(　　)。

A. 按50％平均计算各工序完工率　　B. 按定额工时计算
C. 按定额比例法计算　　D. 分工序分别计算完工率

五、判断题

1. 在产品成本按所耗原材料费用计算时，月末在产品成本只计算所耗原材料费用，不计算工资等其他费用，其他费用全部计入完工产品成本。（　）

2. 月末在产品数量较小或者在产品数量较大，各月之间在产品数量变化也较大的产品，其月末在产品成本可以按年初数固定计算。（　）

3. 在完工产品与月末在产品之间分配费用，采用不计算在产品成本法，是因为月末无在产品。（　）

4. 如果某种产品全部完工或全部未完工，月末就不必要分配计算完工产品成本与月末在产品成本。（　）

5. 采用按年初数固定计算在产品成本时，月初在产品成本一定等于月末在产品成本。（　）

6. 各月末在产品数量变化不大或者在产品数量较小，可以不计算月末在产品成本。（　）

7. 约当产量比例法适用于月末在产品数量较大、各月末在产品数量变化也较大、产品成本中原材料费用和工资等其他费用比重相差不多的产品。（　）

8. 完工产品与月末在产品之间分配费用采用约当产量比例法，只适用于工资及福利费等费用的分配，不适用于原材料费用的分配。（　）

9. 在产品的完工程度若统一按50％估算，必须具备两个前提条件：一是原材料在生产开始时一次投入；二是各工序在产品的数量相差不多。（　）

10. 如果月末在产品已经接近完工，或者产品已加工完成但尚未验收入库，月末可以不计算在产品成本。（　）

11. 月末在产品数量很小，各月末在产品数量相差不多，为了简化核算，月末在产品可以按完工产品成本计算。（　）

12. 月末在产品成本按定额成本计算，其中原材料费用项目可根据在产品数量和单位在产品原材料定额成本计算，其他项目一般可根据在产品的定额工时和各项费用的计划分配率计算。（　）

13. 交互分配法、直接分配法、定额比例法及代数分配法都是完工产品与月末在产品之间分配费用的方法。（　）

14. 采用定额比例法计算月末在产品成本，通常原材料费用按照完工产品和月末在产品的定额消耗量或定额费用的比例分配，其他费用按定额工时比例进行分配。（　）

15. 在产品成本按定额成本计算，月末在产品实际生产费用脱离定额的差异，全部计入完工产品成本。（　）

16. 计算产品成本，都要在完工产品与月末在产品之间分配费用。（　）

17. 如果人为地提高月末在产品费用，就会使当月完工产品成本虚降。（　）

18. 某工序在产品的完工率为该工序累计的工时定额与完工产品定额工时的比率。
（　　）

19. 采用约当产量比例法，在产品投料程度的测定，对于费用分配的正确性有着决定性的影响。
（　　）

20. 在约当产量比例法下，如果原材料是在生产开始时一次投入的，完工产品与月末在产品的原材料费用就按其实物数量的比例分配。
（　　）

六、业务题

1. 某工业企业甲产品月末在产品数量较少，不计算在产品成本。某年12月份发生生产费用如下：原材料45 000元，燃料及动力2 200元，工资及福利费2 800元，制造费用1 000元。月末在产品2件，本月完工产品100件。

要求：（1）采用不计算在产品成本法在完工产品与在产品之间分配费用，计算本月完工产品与在产品的成本；（2）登记甲产品成本明细账于表4-2中。

表4-2　甲产品成本明细账　　　产量100件　　单位：元

日　期	摘　要	直接材料	燃料及动力	直接人工	制造费用	合　计
12月31日						

2. 某企业生产乙产品，月末在产品数量较大，但各月末在产品数量变化不大，按年初数固定计算在产品成本。年初在产品成本为：原材料4 600元，燃料及动力1 400元，工资及福利费2 600元，制造费用2 400元。2002年7月份发生的生产费用如下：原材料66 000元，燃料及动力14 000元，工资及福利费23 000元，制造费用27 000元。本月完工产品200件，月末在产品50件。

要求：（1）计算完工产品与在产品的成本；（2）登记乙产品成本明细账于表4-3中。

表4-3　乙产品成本明细账　　　产量200件　　单位：元

日　期	摘　要	直接材料	燃料及动力	直接人工	制造费用	合　计
7月1日						

3. 某企业生产A产品，原材料在生产开始时一次投入，产品成本中原材料所占比重较大，月末在产品按所耗原材料费用计算。某年6月，月初在产品的原材料费用4 800元；6月份发生的生产费用如下：原材料76 000元，燃料及动力24 000元，工资及

福利费 23 000 元,制造费用 37 000 元。本月完工产品 400 件,月末在产品 100 件。

要求:(1) 计算月末在产品与本月完工产品的成本;(2) 登记 A 产品成本明细账于表 4-4 中。

表 4-4　A 产品成本明细账　　　产量 400 件　　单位:元

日　期	摘　　要	直接材料	燃料及动力	直接人工	制造费用	合　计
6月1日						

4. 丽华公司某年 5 月份完工甲产品 220 件(其中合格品 200 件,不可修复废品 20 件,不可修复废品损失全部由完工产品负担),月末在产品 40 件,完工率为 50%。月初在产品和本月生产费用累计:原材料 26 400 元,燃料及动力 20 900 元,工资及福利费 12 100 元,制造费用 18 700 元,废品损失 2 400 元。原材料在生产开始时一次投入,原材料费用按照完工产品和月末在产品数量比例分配,其他各项费用按照完工产品的数量和月末在产品的约当产量的比例进行分配。

要求:(1) 计算月末在产品的约当量、各项费用的分配率、完工产品成本和月末在产品成本;(2) 登记完工产品和在产品成本明细账于表 4-5 中。

表 4-5　完工产品和在产品成本明细账

产品名称:甲产品　　　　　　　　　　　　　　　　　　　　　　　单位:元

项　　目	直接材料	燃料及动力	直接人工	制造费用	合　计
生产费用累计					
在产品完工程度					
在产品约当量					
完工产品产量					
分配率					
完工产品总成本					
月末在产品成本					

5. 某企业乙产品单位定额工时为 100 小时,经三道工序制成。三道工序工时定额分别为:20 小时、40 小时、40 小时。各道工序在产品的完工程度均按 50% 计算。本月乙产品完工 500 件,各工序的在产品分别为 420 件、300 件、100 件。

要求:(1) 根据上述资料计算各工序在产品的完工程度;(2) 编制约当产量计算表(表 4-6)。

表 4-6　约当产量计算表　　　　　　　　　产品名称：乙产品

在产品所在工序	完工程度(%)	在产品数量(件)		完工产品产量(件)	产量合计(件)
		结存数量	约当产量		
第一道工序					
第二道工序					
第三道工序					
合　计					

6. 某产品经过两道工序制成，原材料不是在生产开始时一次投入，而是分工序随着生产进度陆续投入。该产品各工序原材料消耗定额为：第一道工序 300 千克，第二道工序 200 千克。月末在产品数量：第一道工序 100 件，第二道工序 120 件。

要求：(1) 计算原材料在各工序开始时一次投入时的各工序完工率(原材料投料率)和约当产量；(2) 计算原材料在各工序陆续投入时的各工序完工率(原材料投料率)和约当产量。在产品在本工序的原材料消耗定额按 50% 计算。

7. 某种产品需经过三道工序制成，原材料消耗定额为 500 千克，各道工序依次为 120 千克、180 千克、200 千克。各道工序的月末在产品数量依次为 50 件、35 件、40 件，本月完工产品为 27 件。月初在产品和本月发生的原材料费用共计 96 000 元。

要求：(1) 原材料分工序在每道工序开始时一次投入，按约当产量比例法分配计算完工产品和月末在产品之间的原材料费用。计算结果填入下表 4-7。

表 4-7　约当产量计算表(原材料分工序一次投入)

工　序	原材料定额消耗量	完工程度(投料率)	在产品数量	在产品约当产量	完工产品数量	合计
第一道工序						
第二道工序						
第三道工序						
合　计						

(2) 原材料在各工序陆续投入时，按约当产量比例法分配计算完工产品和月末在产品的原材料费用。计算结果填入表 4-8。

表 4-8　约当产量计算表(原材料在各工序陆续投入)

工　序	原材料定额消耗量	完工程度(投料率)	在产品数量	在产品约当产量	完工产品数量	合计
第一道工序						
第二道工序						
第三道工序						
合　计						

8. 乙产品9月初在产品原材料费用12 875元,本月又耗用原材料费用70 000元。该产品本月完工80件,各工序月末在产品数量和所耗原材料的百分比(各道工序所耗原材料在该工序开始时一次投入)如表4-9所示。

表4-9

工　序	在产品数量	在产品本工序耗用原材料(%)
第一道工序	50件	50
第二道工序	50件	30
第三道工序	50件	20

要求:计算乙产品本月完工产品和月末在产品应负担的原材料费用。

9. 丁产品11月月初在产品180件,其完工程度为50%;本月投入620件,本月完工550件,月末在产品250件,完工程度为60%。丁产品所耗原材料分两次投入,投产开始时投料80%,当产品加工到70%时再投其余的20%。丁产品月初在产品费用为:原材料5 000元,生产工人工资1 800元,其他费用1 600元;本月生产费用为:原材料61 000元,生产工人工资27 600元,其他费用7 500元。

要求:计算丁产品成本和月末在产品成本。

10. 甲产品月初在产品制造费用5 000元,本月发生制造费用12 840元;月初在产品定额工时360小时,本月投入定额工时780小时,本月完工产品60件,每件定额工时9小时,每小时制造费用定额14元。

要求:根据上述资料,采用在产品定额成本法计算甲产品月末在产品和完工产品应分配的制造费用。

11. 某企业甲产品各项消耗定额比较准确、稳定,各月末在产品数量变化不大,月末在产品按定额成本计算。该产品月初和本月发生的生产费用合计:原材料96 040元,工资及福利费30 500元,制造费用24 000元。原材料在生产开始时一次投入,单位产品原材料费用定额140元。完工产品产量840件;月末在产品200件,定额工时共计1 300小时。每小时费用定额:工资4元,制造费用6元。

要求:计算完工产品与月末在产品的成本,并登记产品成本明细账如表4-10。

表4-10　甲产品成本明细账

产量:840件　　　　　　　　　　　　　　　　　　　　　　　　　单位:元

成 本 项 目	生产费用合计	月末在产品成本(定额成本)	完工产品成本
直接材料			
直接人工			
制造费用			
合计			

12. 乙产品分三道工序加工制成,工时定额为80小时,其中第一、二、三道工序工

时定额分别为 10 小时、20 小时和 50 小时；本月完工产品 120 件，月末在产品 60 件，其中第一、二、三道工序在产品数量分别为 30 件、20 件和 10 件；原材料在生产开始时一次投入，原材料费用定额为 100 元，计划规定每小时生产工人工资为 0.6 元，其他费用为 0.8 元，月初在产品和本月投入的生产费用合计为：原材料费用 19 800 元，生产工人工资 7 062 元，其他费用 10 700 元。

要求：根据上述资料，采用在产品定额成本法计算乙产品月末在产品成本和完工产品成本。

13. 某企业某年 5 月份 A 产品成本明细账部分资料如表 4-11 所示。

表 4-11 A 产品成本明细账

产量：200 件　　　　　　　　　　　　　　　　　　　　　　　　　　　　　　　　单位：元

成本项目		直接材料	直接人工	制造费用	合 计
月初在产品		2 400	1 700	1 000	5 100
本月生产费用		18 000	12 000	9 275	39 275
生产费用合计					
费用分配率					
完工产品	定额	9 000	3 000（小时）		
	实际				
月末在产品	定额	1 200	425（小时）		
	实际				

要求：采用定额比例法分配费用，原材料费用按原材料定额费用比例分配，其他费用按工时定额分配。（在账内计算）

14. 某企业生产甲产品。某年 7 月，月初在产品成本费用为：原材料 14 000 元，工资及福利费 6 000 元，制造费用 2 000 元。本月生产费用：原材料 82 000 元，工资及福利费 30 000 元，制造费用 10 000 元。完工产品 400 件，单件原材料定额费用 20 元，单件工时定额为 12.5 小时，月末在产品 100 件，单件原材料定额费用为 20 元，单件工时定额为 10 小时。要求：采用定额比例法在完工产品与月末在产品之间分配生产费用并计算完工产品和月末在产品的成本。登记甲产品成本明细账（如表 4-12）。（在账内分配计算）

表 4-12 甲产品成本明细账

产量：400 件　　　　　　　　　　　　　　　　　　　　　　　　　　　　　　　　单位：元

成本项目	直接材料	直接人工	制造费用	合 计
月初在产品				
本月生产费用				
生产费用合计				

(续表)

成本项目		直接材料	直接人工	制造费用	合 计
费用分配率					×
完工产品	定额			×	×
	实际				
月末在产品	定额			×	×
	实际				

15. 某产品消耗定额比较准确、稳定，且月末在产品数量变化较大，采用定额比例法分配工资等加工费用。该产品月初在产品和本月发生的工资及福利费共计 12 500 元，当月完工产品 2 000 件，每件工时定额为 100 小时。其各工序工时定额和月末在产品数量如表 4-13 所示，各工序在产品在本工序的完工程度均按 50% 计算。

表 4-13 各工序工时定额与月末在产品

工 序	本工序工时定额（小时）	在产品数量（件）
第一道工序	40	1 800
第二道工序	60	200
合 计	100	2 000

要求：（1）计算各工序在产品的累计工时定额和定额工时；（2）采用定额比例法，分配计算完工产品和月末在产品的工资及福利费。

16. 某工业企业甲产品月末在产品数量较少，不计算在产品成本。2019 年 12 月份发生生产费用如下：原材料 45 000 元，燃料及动力 2 200 元，工资及福利费 2 800 元，制造费用 1 000 元。月末在产品 2 件，本月完工产品 100 件。

要求：（1）采用不计算在产品成本法在完工产品与在产品之间分配费用，计算本月完工产品与在产品的成本；（2）登记甲产品成本明细账如表 4-14。

表 4-14 甲产品成本明细账　　　　产量 100 件　　　单位：元

日 期	摘 要	直接材料	燃料及动力	直接人工	制造费用	合 计
12 月 31 日						

17. 某产品经过两道工序制成，原材料不是在生产开始时一次投入，而是分工序随着生产进度陆续投入。该产品各工序原材料消耗定额为：第一道工序 300 千克，第二道工序 200 千克。月末在产品数量：第一道工序 100 件，第二道工序 120 件。

要求：（1）计算原材料在各工序开始时一次投入时的各工序完工率（原材料投料率）和约当产量；

(2) 计算原材料在各工序陆续投入时的各工序完工率(原材料投料率)和约当产量。在产品在本工序的原材料消耗定额按50%计算。

18. 某企业生产E产品,原材料是在生产开始时一次投入的。5月初在产品费用为:原材料28 000元,直接人工12 000元,制造费用4 000元。5月发生的生产费用为:原材料164 000元,直接人工60 000元,制造费用20 000元。5月完工产品8 000件,月末在产品2 000件,完工程度为80%。该企业产成品的定额如下:单件原材料耗用量5千克,每千克计划成本4元;单件工时定额2.50小时,每小时人工定额为3.20元,单件制造费用定额为1.10元。

要求:(1) 采用在产品按定额成本计价法分配完工产品和在产品成本;(2) 采用定额比例法分配完工产品和在产品成本;(3) 分析两者计算结果为何不同。

第五章　产品成本计算方法概述

学习指导

通过本章的学习，读者将对产品成本计算方法有一个初步的认识，对成本计算的基本方法和辅助方法有一定的了解。本章各节主要内容及知识要点如表 5-1 所示。

表 5-1

章　节	主　要　内　容	知　识　要　点
第一节　生产特点和管理要求对产品成本计算的影响	产品生产的类型	按生产工艺过程的特点分类 按生产组织的特点分类
	生产类型和成本管理要求对产品成本计算的影响	对成本计算对象的影响 对成本计算期的影响 对生产费用计入产品成本程序的影响
第二节　产品成本计算的主要方法	产品成本计算的基本方法	品种法 分批法 分步法
	产品成本计算的辅助方法	分类法 定额法

练习题

一、名词解释

1. 多步骤生产和单步骤生产
2. 单件生产、大量生产和成批生产
3. 成本计算对象
4. 产品成本计算的主要方法
5. 产品成本计算的辅助方法
6. 产品成本计算的基本方法

二、简答题

1. 成本计算方法可分为哪几类？每类中包括哪几种方法？
2. 企业生产特点和管理要求对产品成本计算的影响主要表现在什么方面？
3. 简述企业生产类型的划分。
4. 为什么说品种法是产品成本计算的最基本方法？
5. 区分产品成本计算的基本方法和辅助方法的主要标志是什么？

三、单项选择题

1. 产品成本计算期与产品生产周期相一致的生产组织形式为（　　）。

A. 大量生产 B. 成批生产
C. 多步骤生产 D. 小批单件生产

2. 企业的生产按生产组织的特点可划分为（　　）。
   A. 大量、成批和单件生产 B. 大批和小批生产
   C. 单步骤和多步骤生产 D. 简单生产和复杂生产

3. 成批生产按批量大小可分为（　　）。
   A. 大批生产和小批生产 B. 大批、小批和单件生产
   C. 大量和批量生产 D. 成批生产和单件生产

4. 生产特点和管理要求对产品成本计算的影响，主要表现在（　　）。
   A. 成本计算期的长短 B. 成本计算对象的确定
   C. 在产品成本的计算 D. 间接费用的分配方法

5. 产品成本计算期的确定主要取决于（　　）。
   A. 生产组织的特点 B. 生产工艺过程的特点
   C. 管理要求 D. 生产步骤的多少

6. 不必在每月月末计算产品成本的生产组织形式为（　　）。
   A. 大量生产 B. 成批生产
   C. 单步骤生产 D. 小批、单件生产

7. 正确计算产品成本的前提是（　　）。
   A. 成本计算对象的确定 B. 成本计算期的确定
   C. 在产品成本的计算 D. 成本管理的要求

8. 成本计算方法的确定取决于产品的生产特点，但同时也应考虑（　　）。
   A. 生产工艺过程 B. 管理要求
   C. 生产组织 D. 生产的周期

9. 在多步骤生产企业中，如果规模小，管理上不要求计算各步骤的成本，产品成本计算对象一般选用（　　）。
   A. 产品批别 B. 产品生产步骤
   C. 产品品种 D. 产品类型

10. 下列方法中属于产品成本计算方法的有（　　）。
    A. 约当产量法 B. 定额比例法
    C. 系数法 D. 定额法

11. 产品成本计算方法中不是基本的方法是（　　）。
    A. 分批法 B. 分步法
    C. 分类法 D. 品种法

12. 划分产品成本计算基本方法和辅助方法的标准是（　　）。
    A. 成本计算工作的繁简
    B. 对成本管理作用的大小
    C. 从计算产品实际成本的角度看是否必不可少
    D. 应用是否广泛

13. 分批法适用的生产组织是（　　）。
    A. 小批、单件生产　　　　　　B. 大量、大批生产
    C. 大量、小批生产　　　　　　D. 成批生产
14. 在大量大批多步骤生产的企业中，如果管理上要求分步骤计算产品成本，则选择的成本计算对象是（　　）。
    A. 产品批别　　　　　　　　　B. 产品生产步骤
    C. 产品品种　　　　　　　　　D. 产品类别
15. 区分各种成本计算基本方法的主要标志是（　　）。
    A. 成本计算对象　　　　　　　B. 成本计算日期
    C. 间接费用的分配方法　　　　D. 完工产品与在产品之间费用分配方法
16. 采用分类法计算产品成本的目的是为了（　　）。
    A. 简化成本计算工作　　　　　B. 提高成本计算准确性
    C. 加强产品成本管理　　　　　D. 加快各类产品成本计算

四、多项选择题

1. 生产特点和管理要求对产品成本计算的影响表现在（　　）。
    A. 成本计算的繁简　　　　　　B. 成本计算的难易
    C. 成本计算对象的确定　　　　D. 成本计算期
2. 企业的生产按生产组织的特点划分可分为（　　）。
    A. 大量生产　　　　　　　　　B. 单步骤生产
    C. 成批生产　　　　　　　　　D. 单件生产
3. 企业生产按工艺技术过程的特点划分可分为（　　）。
    A. 单步骤生产　　　　　　　　B. 多步骤生产
    C. 大量生产　　　　　　　　　D. 成批生产
4. 下列企业中生产组织特点属于单件生产的是（　　）。
    A. 造船企业　　　　　　　　　B. 电梯企业
    C. 重型机器企业　　　　　　　D. 飞机制造企业
5. 企业在确定产品成本计算方法时，必须同时考虑（　　）。
    A. 生产特点　　　　　　　　　B. 生产规模
    C. 成本管理的要求　　　　　　D. 月末在产品的数量
6. 受生产特点和管理要求的影响，产品成本计算对象有（　　）。
    A. 产品品种　　　　　　　　　B. 产品类别
    C. 产品批别　　　　　　　　　D. 产品生产步骤
7. 确定成本计算对象的作用是（　　）。
    A. 正确计算产品成本的前提
    B. 区别成本计算基本方法与辅助方法的依据
    C. 区别各种成本计算基本方法的主要标志
    D. 确定成本管理方法的前提
8. 产品成本计算的基本方法包括（　　）。

A. 品种法　　　　　B. 分批法　　　　C. 分类法　　　　　D. 分步法

9. 品种法是（　　）。
A. 计算产品实际成本必不可少的方法　　B. 成本计算基本方法中最基本的方法
C. 成本计算方法中最简单的方法　　　　D. 最有利于成本管理的成本计算方法

10. 产品成本计算的辅助方法与基本方法的区别是（　　）。
A. 与生产类型没有直接联系
B. 成本计算工作繁重
C. 不涉及成本计算对象的确定
D. 从计算实际成本角度看不是必不可少的方法

11. 产品成本计算基本方法的特点是（　　）。
A. 与生产类型的特点有直接联系　　　B. 有利于加强成本管理
C. 涉及成本计算对象的确定　　　　　D. 计算产品实际成本必不可少的方法

12. 下列方法中,属于产品成本计算方法的有（　　）。
A. 分类法　　　　　　　　　　　B. 约当产量法
C. 定额法　　　　　　　　　　　D. 平行结转分步法

13. 定额法属（　　）。
A. 成本计算的基本方法　　　　　B. 成本计算方法
C. 成本计算的辅助方法　　　　　D. 不属于成本计算方法

14. 决定一个企业采用何种成本计算方法的因素有（　　）。
A. 企业生产组织特点　　　　　　B. 企业的生产工艺过程特点
C. 企业成本管理要求　　　　　　D. 成本会计机构的设置

五、判断题

1. 成本计算对象是区分各种产品成本计算方法的主要标志。（　）
2. 企业的生产按生产组织的特点,可划分为单步骤生产和多步骤生产。（　）
3. 产品成本计算对象的确定只受产品生产特点的影响。（　）
4. 成本计算对象的确定,是正确计算产品成本的前提,也是区别各种成本计算基本方法的主要标志。（　）
5. 生产特点和管理要求对产品成本计算的影响,主要表现在成本计算对象的确定上。（　）
6. 企业的生产按工艺技术过程的特点,可划分为大量生产、成批生产和单件生产。（　）
7. 产品成本计算方法,按其对成本管理作用的大小,分为基本方法和辅助方法。（　）
8. 在多步骤生产中,为了加强各步骤的成本管理,都应按生产步骤计算产品成本。（　）
9. 由于按照产品品种计算成本是产品成本计算的最一般、最起码的要求,因而只有品种法才是计算产品成本的基本方法。（　）
10. 品种法、分步法和分类法是产品成本计算的三种基本方法。（　）

11. 产品成本计算的辅助方法,从计算产品成本的角度来说不是必不可少的,因为它们在成本管理方面作用不大。（　　）

12. 单件和小批生产中,产品成本有可能在某批产品完工后计算,因而完工产品成本计算是不定期的,而与生产周期一致。（　　）

六、业务题

秋天到了,天气转凉,金星服饰有限公司接到大量客户的风衣订单。公司根据客户要求进行成批生产,生产过程分为剪裁、缝纫和成衣三个加工步骤,为了加强成本管理,管理者要求成本核算部门要及时提供产品成本资料和每一生产步骤的成本资料。布料是生产开始时一次性投入,在所发生的生产费用中,布料费用和人工费用所占的比重较大且相差不多。该企业月末在产品数量较大,月末在产品数量变化也较大。

请为金星服饰有限公司的风衣生产选择适合的产品成本计算方法并说明其成本核算程序。

第六章 产品成本计算的品种法

学习指导

品种法是最基本的产品成本计算方法,通过本章的学习,读者将了解掌握品种法的计算方法,理解品种法的应用范围及特点等。本章各节主要内容及知识要点如表6-1所示。

表 6-1

章 节	主 要 内 容	知 识 要 点
第一节 品种法的特点和适用范围	品种法的含义及适用范围	以产品品种作为成本计算对象。适用于大量、大批的单步骤生产及管理上不要求分步骤计算的情况
	品种法的特点	成本计算对象;成本计算期;生产费用在完工产品与在产品之间的分配
第二节 品种法的成本计算程序	典型品种法成本计算程序	设置生产成本明细账;归集和分配本月发生的各项要素费用;分配辅助生产费用;分配制造费用;计算废品损失;计算并结转本月完工产品成本
	简单品种法成本计算程序	品种单一,费用的发生较为直接,无需进行分配
第三节 典型品种法的应用举例	典型品种法成本计算的主要程序	归集和分配各项要素费用、辅助生产费用、制造费用,计算并结转完工产品成本
第四节 简单品种法的应用举例	简单品种法成本计算的主要程序	只生产一种产品,月末一般没有在产品的应用举例

练习题

一、名词解释

1. 品种法　　　　2. 典型品种法　　　　3. 简单品种法

二、简答题

1. 简述产品成本计算品种法的特点和适用范围。
2. 简述品种法的计算程序。
3. 简述产品成本计算与会计核算的关系。

4. 如何理解品种法是产品成本计算中的基本方法？

三、单项选择题

1. 品种法是产品成本计算基本方法中的（　　）。
   A. 最重要的成本计算方法　　　　B. 最一般的成本计算方法
   C. 最基本的成本计算方法　　　　D. 最主要的成本计算方法
2. 企业大量简单生产一种产品，所耗原料和加工工艺相同，但是质量不同，有一级、二级、三级、四级四个等级。会计应采用的成本计算方法是（　　）。
   A. 品种法　　　B. 分批法　　　C. 分步法　　　D. 分类法
3. 下列企业中，最常采用品种法计算产品成本的是（　　）。
   A. 纺织厂　　　B. 发电厂　　　C. 制衣厂　　　D. 钢铁厂
4. 品种法的成本计算对象是（　　）。
   A. 产品品种　　B. 产品类别　　C. 批别或订单　D. 生产步骤
5. 品种法一般应定期于（　　）计算成本。
   A. 月初　　　　B. 年末　　　　C. 月末　　　　D. 年初
6. 品种法下，基本生产车间的甲产品生产完工验收入库时，应作分录（　　）。
   A. 借：库存商品——甲产品　贷：生产成本——辅助生产成本——甲产品
   B. 借：库存商品——甲产品　贷：生产成本——基本生产成本——甲产品
   C. 借：自制半成品——甲产品　贷：生产成本——辅助生产成本——甲产品
   D. 借：自制半成品——甲产品　贷：生产成本——基本生产成本——甲产品
7. 品种法下，"基本生产成本——乙产品"账户的月末余额反映基本生产车间（　　）。
   A. 月末尚未完工的乙在产品成本　　B. 月末已经完工的乙产成品成本
   C. 月初尚未完工的乙在产品成本　　D. 月初已经完工的乙产成品成本
8. 若企业只生产一种产品，则发生的费用（　　）。
   A. 全部直接计入费用　　　　　　　B. 全部间接计入费用
   C. 部分直接计入费用　　　　　　　D. 部分间接计入费用
9. 生产特点和（　　）对产品成本计算方法的选择具有决定性影响。
   A. 生产组织　　　　　　　　　　　B. 工艺过程
   C. 管理要求　　　　　　　　　　　D. 产品品种结构
10. 采用品种法进行成本计算时其成本计算期（　　）。
    A. 与会计报告期一致，定期计算　　B. 与会计报告期一致，不定期计算
    C. 与产品生产周期一致，定期计算　D. 与产品生产周期一致，不定期计算

四、多项选择题

1. 产品成本计算品种法的适用范围是（　　）。
   A. 单步骤生产
   B. 管理上不要求分步骤计算成本的多步骤生产
   C. 大量生产
   D. 大批生产

2. 品种法的特点有( )。
A. 以品种作为成本计算对象
B. 成本计算期与生产周期一致
C. 成本计算期与生产周期不一致
D. 月末可能不需要将生产费用在完工产品和在产品之间进行分配

3. 品种法的成本计算程序可能包括的步骤有( )。
A. 按产品批别开设产品成本明细账   B. 分配各种要素费用
C. 分配辅助生产费用   D. 分配基本车间的制造费用

4. 关于品种法的叙述,正确的是( )。
A. 月末可能不需要将生产费用在完工产品和在产品之间进行分配
B. 月末可能需要将生产费用在完工产品和在产品之间进行分配
C. 间接费用可能要采用适当的分配方法在各成本计算对象之间进行分配
D. 间接费用可能不需要在各成本计算对象之间进行分配

5. 常见的品种法有( )。
A. 简单品种法   B. 复杂品种法
C. 典型品种法   D. 分类法

6. 下列企业中,有可能采用品种法计算产品成本的有( )。
A. 造船企业   B. 煤炭企业
C. 服装生产企业   D. 纺织企业

五、判断题

1. 采用品种法计算产品成本的企业或车间,若只生产一种产品,成本计算对象就是这种产品。( )

2. 无论哪个工业企业,无论生产类型怎样,也不论管理要求如何,最终都必须按照产品品种计算出产品成本,因而品种法是基本方法中的最基本方法。( )

3. 采用品种法计算产品成本时,必须定期在月末将生产费用在完工产品与在产品之间进行分配。( )

4. 大量大批的多步骤生产企业,如果管理上不要求按生产步骤计算产品成本,也可以采用品种法计算产品成本。( )

5. 品种法是按月定期计算产品成本的。( )

六、业务题

1. 某企业采用品种法计算产品成本。该企业生产 A、B 两种产品,月末在产品按所耗原材料费用计价,A、B 两种产品的共同费用按生产工时比例分配。该企业某年 6 月 A 产品无期初在产品,B 产品期初在产品实际成本为 4 400 元;6 月末,B 产品在产品负担的原材料费用为 6 800 元,A 产品全部完工。6 月份发生下列经济业务:

(1) 基本生产车间领用原材料,实际成本为 28 000 元,其中 A 产品耗用 8 000 元,B 产品耗用 20 000 元。

(2) 基本生产车间领用低值易耗品,实际成本为 100 元,该企业低值易耗品采用一次摊销法。

(3) 计提固定资产折旧费 2 400 元,其中车间折旧费 2 000 元,厂部管理部门折旧费 400 元。

(4) 结算本月应付工资 10 000 元,其中生产工人工资 6 000 元(A 产品负担 2 400 元,B 产品负担 3 600 元),车间管理人员工资 1 000 元,厂部管理人员工资 3 000 元。本月 A 产品生产工时为 240 小时,B 产品生产工时为 360 小时。

(5) 提取职工福利费 1 400 元,其中生产工人 840 元(A 产品 336 元,B 产品 504 元),车间管理人员 140 元,厂部管理人员 420 元。

(6) 结转制造费用,并在各种产品之间进行分配。

要求:(1) 根据上述经济业务编制会计分录;(2) 分别计算 A 产品完工产品总成本和 B 产品在产品总成本。

2. 某企业生产甲、乙两种产品,均经两道工序连续加工完成,并共同耗用 A 材料。生产甲产品的 A 材料在每道工序开始时一次性投入,而生产乙产品的 A 材料在生产开始时一次性投入。本月生产甲、乙产品共领用 A 材料 7 242 千克,A 材料单位成本 20 元/千克,耗用 A 材料费用采用定额消耗量比例法在甲、乙产品之间进行分配。甲产品本月完工 550 件,乙产品本月完工 400 件。甲、乙产品的月初、月末在产品数量及原材料消耗定额如表 6-2 所示。

表 6-2

工 序	月初在产品数量		月末在产品数量		A 材料消耗定额	
	甲	乙	甲	乙	甲	乙
第一道工序	—	10	25	15	4	10
第二道工序	—	20	30	25	1	—
合 计	—	30	55	40	5	10

要求:分别计算本月甲、乙产品应当分配的 A 材料费用。

3. 某企业大量生产 A、B 两种产品,根据生产特点和管理要求,采用品种法计算成本。6 月份该企业发生的生产费用资料如下:原材料 32 100 元,其中 A 产品每件消耗材料 180 元,B 产品每件消耗材料 150 元,生产工人工资 20 000 元,制造费用 5 000 元。A 产品耗用生产工时 6 600 小时,B 产品耗用生产工时 3 400 小时。企业采用约当产量比例法分配完工产品成本与月末在产品成本,A、B 产品月末在产品完工程度均为 50%,原材料在生产开始时一次投入。其他有关成本计算资料如表 6-3、表 6-4 所示。

表 6-3 产量记录　　　　　　　　　　　　　　　　　　单位:件

产品名称	月初在产品	本月投产	本月完工	月末在产品
A	30	120	100	50
B	50	70	80	40

表6-4　月初在产品成本记录　　　　　　　　　　　　　单位：元

产品名称	直接材料	直接人工	制造费用	合　计
A	5 400	1 800	1 700	8 900
B	7 500	3 000	2 100	12 600
合计	12 900	4 800	3 800	21 500

要求：根据以上资料，计算A、B产品完工产品成本和月末在产品成本并填入表6-5、表6-6。

表6-5　产品成本计算单

产品名称：A产品　　　　　　　2019年6月　　　　　　　　　　单位：元

产品成本项目	月初在产品成本	本月生产费用	生产费用合计	完工产品成本		月末在产品成本
				总成本	单位成本	
原材料						
工资						
制造费用						
合计						

表6-6　产品成本计算单

产品名称：B产品　　　　　　　2019年6月　　　　　　　　　　单位：元

产品成本项目	月初在产品成本	本月生产费用	生产费用合计	完工产品成本		月末在产品成本
				总成本	单位成本	
原材料						
工资						
制造费用						
合计						

第七章 产品成本计算的分批法

学习指导

通过本章学习,读者将了解分批法的含义、特点及适用范围等问题。此外,分批法又可细分为典型分批法及简化分批法,在学习完本章后,读者将掌握典型分批法及简化分批法的异同和计算方法。本章各节主要内容及知识要点如表7-1所示。

表 7-1

章节	主要内容	知识要点
第一节 分批法概述	分批法的含义	按产品批别或订货合同作为成本核算对象
	分批法的适用范围	小批、单件生产或者管理上不要求分步骤计算的多步骤生产
	分批法的特点	成本计算对象;成本计算期;生产费用在在产品与完工产品之间的划分
	两种分批法的计算	当月分配法和累计分配法
第二节 分批法的成本计算程序	按批别或订单开设成本明细账	即产品成本计算单
	归集与分配本月发生的各种费用	计入"生产成本明细账"中
	分配辅助生产费用	在各批次产品、基本生产车间以及其他受益部门分配
	基本生产单位制造费用	选择"当月分配法"或"累计分配法"分配
	分配并计算批内完工产品成本和月末在产品成本	采用合适的方法分配
	计算并结转完工产品成本	编制"完工产品成本汇总表"
第三节 典型分批法	典型分批法举例	使用"当月分配法"
第四节 简化分批法	简化分批法的介绍及实例	含义、账簿体系、特点、实例及优缺点

练习题

一、名词解释

1. 累计间接计入费用分配率
2. 产品成本计算的分批法

3. 简化分批法　　　　　　　　4. 典型分批法

二、简答题

1. 分批法的主要特点及适用范围是什么？
2. 简化的分批法的特点是什么？
3. 简化的分批法和一般的分批法有什么不同之处？
4. 以简化分批法为例，如何理解简化成本计算的意义？
5. 分批法与品种法的区别？

三、单项选择题

1. 采用简化分批法对完工产品分配间接计入费用依据的是（　　）。
   A. 每种产品本期间接计入费用分配率
   B. 每种产品上期间接计入费用分配率
   C. 全部产品累计间接计入费用分配率
   D. 全部产品计划间接计入费用分配率
2. 分批法的特点是（　　）。
   A. 按照产品订单计算成本　　　B. 按照产品批别计算成本
   C. 按照产品品种计算成本　　　D. 按照车间来计算成本
3. 必须设置基本生产成本二级账的成本计算方法是（　　）。
   A. 分批法　　　　　　　　　　B. 分步法
   C. 品种法　　　　　　　　　　D. 简化分批法
4. 某企业采用分批法计算产品成本。8月1日投产A产品6件，B产品4件；12日投产B产品3件；20日投产A产品5件，B产品2件。该企业8月应开设的产品成本明细账应该是（　　）。
   A. 2本　　　B. 3本　　　C. 4本　　　D. 5本
5. 简化分批法适用于（　　）。
   A. 各月间接计入费用水平相关不大　　B. 月末未完工产品增多
   C. 同一月份投产批数多　　　　　　　D. 同时具备上述三点
6. 小批、单件生产的产品，适宜采用的成本计算方法是（　　）。
   A. 品种法　　　B. 分批法　　　C. 分步法　　　D. 分类法
7. 分批法下往往是按照客户的订单组织生产，因而也叫（　　）。
   A. 订单法　　　B. 定额法　　　C. 系数法　　　D. 分类法
8. 材料费作为直接生产费用，不论在任何情况下均应直接计入产品成本，这种成本计算方法不是（　　）。
   A. 品种法　　　B. 分批法　　　C. 分步法　　　D. 分类法
9. 一般的分批法和简化的分批法区别在于（　　）。
   A. 直接生产费用的核算方法　　　B. 间接生产费用的分配方法
   C. 直接计入费用的核算方法　　　D. 间接计入费用的分配方法
10. 分批法下，如果批内产品跨月陆续完工的数量占批量的比重较小，那么，（　　）。

A. 采用计划成本或定额成本计算在产品的成本
B. 采用计划成本或定额成本计算完工产品的成本
C. 仍需采用约当产量比例法、定额比例法等准确方法计算分配产品成本
D. 以上都不对

四、多项选择题

1. 在简化分批法下,以累计间接计入费用分配率作为分配间接计入费用依据的是( )。
   A. 各批完工产品
   B. 完工产品批别与月末在产品批别
   C. 某批产品的完工产品与月末在产品
   D. 各批在产品

2. 采用分批法计算产品成本时,如果批内产品跨月陆续完工的情况不多,完工产品数量占全部批量的比重很小,完工产品成本的计价可采用( )。
   A. 实际单位成本   B. 计划单位成本
   C. 定额单位成本   D. 上月实际单位成本

3. 采用简化分批法( )。
   A. 不计算在产品成本   B. 不分批计算在产品成本
   C. 不计算全部在产品总成本   D. 计算全部在产品总成本

4. 采用简化分批法,各月( )。
   A. 计算完工产品成本和在产品成本   B. 期末计算全部在产品的总成本
   C. 可分批反映在产品的实际成本   D. 分批计算完工产品成本

5. 下列关于制造费用的当月分配法和累计分配法的说法错误的是( )。
   A. 当月分配法不论各批次是否完工,都要按当月分配率分配其应负担的间接费用
   B. 累计分配法只对当月完工的批次按累计分配率分配间接计入费用
   C. 采用累计分配率来分配间接费用的分批法称为一般的分批法
   D. 累计分配法适用于本期投产批次少,完工批次多的企业

6. 适合采用分批法计算成本的企业有( )。
   A. 船舶制造企业   B. 重型机械制造企业
   C. 工艺品生产企业   D. 精密仪器制造企业

五、判断题

1. 成本计算的分批法适用于大批大量的单步骤生产。(   )
2. 分批法也称订单法,其成本计算对象与购货单位的订单完全一致。(   )
3. 只要产品批数多,就应采用简化分批法计算产品成本。(   )
4. 采用简化分批法,必须设立基本生产成本二级账。(   )
5. 采用简化分批法计算产品成本时,在产品完工时,利用累计间接计入费用分配率可以计算出各批产品的完工产品和在产品的成本。(   )
6. 在小批或单件生产的企业或车间中,如果同一月份投产的产品批数很多,且月末未完工产品的批数也比较多,而且各月间接计入费用水平相差不多时,可采用简化分

批法计算产品成本。   ( )

六、业务题

1. 某工业企业生产甲、乙两种产品,生产组织属于小批生产,采用分批法计算成本。某年 4 月份和 5 月份的生产情况和生产费用资料如下:

(1) 4 月份生产的产品批号为:

401 号甲产品 12 台,本月投产,本月完工 8 台,未完工 4 台。

402 号乙产品 10 台,本月投产,计划下月完工,月末提前完工 2 台。

(2) 4 月份的生产费用资料如表 7-2 所示。

表 7-2 4 月份的生产费用资料   单位:元

批 号	直接材料	燃料及动力	直接人工	制造费用
401	6 720	1 392	4 704	2 592
402	9 200	1 900	8 100	5 200

401 号甲产品完工数量较大,生产费用在完工产品与月末在产品之间采用约当产量比例分配法分配,在产品的完工程度为 40%。原材料在生产开始时一次投入。

402 号乙产品完工数量少,按计划成本结转完工产品成本。每台计划成本为:原材料 900 元,燃料及动力费 180 元,工资及福利费 820 元,制造费用 530 元,合计 2 430 元。

(3) 5 月份生产的产品批号有:

401 号甲产品 4 台,月末全部完工。

402 号乙产品 8 台,月末全部完工。

(4) 5 月份的生产费用资料如表 7-3 所示。

表 7-3 5 月份的生产费用资料   单位:元

批 号	直接材料	燃料及动力	直接人工	制造费用
401		400	1 200	560
402		1 000	3 000	2 200

要求:(1) 计算 4 月及 5 月各批完工产品成本;(2) 编制两个月的结转完工入库产品成本的会计分录。

2. 某企业采用简化分批法计算产品成本,有关资料如下:

(1) 6 月投产的产品批号及产品完工情况:

601 号:A 产品 30 件,6 月 1 日投产,6 月 25 日全部完工;

602 号:B 产品 20 件,6 月 5 日投产,月末完工 10 件;

603 号:C 产品 10 件,6 月 15 日投产,尚未完工。

(2) 各批号的原材料费用(系生产开始时一次投入)和生产工时为:

601 号:原材料 12 000 元,工时 3 200 小时;

602 号:原材料 7 360 元,工时 1 500 小时,其中完工 10 件产品,工时 960 小时,在

产品 10 件,工时 540 小时;

603 号：原材料 2 800 元,工时 5 560 小时。

(3) 6 月末全部产品工资及福利费 7 182 元,制造费用 11 286 元。

要求：根据资料,计算累计间接计入费用分配率并据以分配完工产品与在产品之间、各批完工产品之间的间接计入费用,计算全部完工产品总成本。

3. 用简化分批法计算产品成本,登记基本生产二级账和基本生产明细账。

(1) 基本生产二级账如表 7-4 所示。

表 7-4　基本生产二级账

	直接材料	工　时	直接人工	制造费	合　计
6月份发生	60 000	4 000	24 000	16 000	100 000
7月份发生	80 000	6 000	36 000	24 000	140 000
8月份发生	50 000	5 000	30 000	20 000	100 000
累计					
分配率					
完工转出					
月末在产					

(2) 基本生产明细账如表 7-5 所示。

表 7-5

产品名称：甲产品　　　　　　　　批号：119　　　　　　　　投产量：30 件

	直接材料	工　时	直接人工	制造费	合　计
6月份发生	60 000	4 000			
7月份发生		2 000			
8月份发生		1 000			
累计及分配率					
完工产品总成本					
完工产品单位成本					

(3) 基本生产明细账如表 7-6 所示。

表 7-6

产品名称：乙产品　　　　　　　　批号：200　　　　　　　　投产量：20 件

	直接材料	工　时	直接人工	制造费	合　计
7月份发生	80 000	4 000			
8月份发生		2 500			
累计及分配率					

(续表)

	直接材料	工 时	直接人工	制造费	合 计
完工产品总成本					
月末在产品成本					

(4) 基本生产明细账如表 7-7 所示。

表 7-7

产品名称：丙产品　　　　　　　　批号：201　　　　　　　　投产量：15 件

	直接材料	工 时	直接人工	制造费	合 计
8 月份发生	50 000	1 500			

(5) 月末，甲产品全部完工，乙产品完工 4 件，丙产品全部在制。完工的乙产品的生产工时为 1 500 小时。

4. 某企业属于单件小批多步骤生产企业，按购货单位要求小批生产 A、B 两种产品，采用分批法计算成本。该企业 20×1 年 7 月份有关资料如下：

(1) 7 月份各生产批别情况。

2010 号 A 产品 4 件，5 月份投产，本月全部完工；月初在产品费用分别为：原材料 6 300 元，燃料和动力 2 500 元，工资及福利费 3 100 元，制造费用 1 820 元；本月发生费用分别为：燃料和动力 3 250 元，工资及福利费 2 980 元，制造费用 980 元。

2011 号 A 产品 10 件，6 月份投产，本月完工 7 件，未完工 3 件；月初在产品费用分别为：原材料 13 480 元，燃料和动力 3 200 元，工资及福利费 5 800 元，制造费用 3 820 元；本月发生费用分别为：燃料和动力 3 890 元，工资及福利费 6 220 元，制造费用 3 410 元。

2020 号 B 产品 8 件，本月份投产，本月完工 2 件，尚未完工 6 件；本月发生费用分别为：原材料 9 250 元，燃料和动力 8 230 元，工资及福利费 5 900 元，制造费用 3 120 元。完工产品按定额成本结转。

(2) 2011 号 A 产品 10 件，6 月份投产，本月完工 7 件。原材料在生产开始时一次投入，其他费用可以按照完工产品和在产品实际数量比例分配；其他费用采用约当产量比例法在完工产品与月末在产品之间分配，在产品完工程度为 70%。

2020 号 B 产品 8 件，本月份投产，本月完工 2 件。为了简化核算，完工产品按定额成本结转，单位产品原材料定额成本为 980 元，燃料及动力为 216 元，工资及福利费 402 元，制造费用为 348 元。

要求：根据上述资料，登记各批产品成本明细账。

第八章 产品成本计算的分步法

学习指导

通过本章学习,读者将对分步法的含义、特点及适用范围等有一定的了解。此外,读者将明晰逐步结转分步法以及平行结转分步法的异同,并掌握两种分步法的计算方法。在逐步结转分步法中,读者还将对成本还原的含义与作用有所理解并掌握综合结转分步法的成本还原的方法和步骤。本章各节主要内容及知识要点如表8-1所示。

表8-1

章 节	主 要 内 容	知 识 要 点
第一节 分步法概述	分步法的含义	以生产步骤为成本计算对象
	分步法的适用范围	大量大批多步骤生产
	分步法的特点	成本计算对象;成本计算期;生产费用在在产品与完工产品之间的划分
	分步法成本计算的一般程序	设置成本明细账 归集、分配生产费用 计算各步骤完工产品和在产品成本 结转各步骤半成品成本等
	分步法的分类	逐步结转和平行结转
第二节 逐步结转分步法	逐步结转分步法的特点	逐步结转分步法的三个特点
	综合结转法	半成品按实际成本综合结转 半成品按计划成本综合结转 按计划成本综合结转的优点 综合结转的成本还原 综合结转法的优缺点及适用范围
	分项结转法	分项结转法计算程序 分项结转法的优缺点及适用范围
	逐步结转分步法的优缺点与适用范围	三点优点及三个方面的缺点;逐步结转分步法的两种适用情况
第三节 平行结转分步法	概念与适用范围	不计算半成品成本的分步法,适用于大量大批多步骤生产企业
	核算程序	平行结转分步法计算的三个步骤

(续表)

章　节	主　要　内　容	知　识　要　点
第三节　平行结转分步法	平行结转分步法的特点	平行结转分步法的三个特点
	各步骤应计入产成品成本份额的计算	定额比例法 约当产量法
	成本核算举例	定额比例法及约当产量法的应用
	平行结转分步法优缺点	三个优点及三个缺点
	与逐步结转分步法比较	与逐步结转分步法的五点不同

练习题

一、名词解释

1. 产品成本计算的分步法　　　2. 广义在产品
3. 综合结转分步法　　　　　　4. 成本还原
5. 平行结转分步法　　　　　　6. 分项结转分步法
7. 逐步结转分步法

二、简答题

1. 简述逐步结转分步法的优缺点。
2. 分步法的主要特点是什么？
3. 在大量、大批的多步骤生产中，为什么要计算各步骤半成品成本？
4. 逐步结转分步法的特点是什么？为什么说它是品种法的多次连接应用？
5. 什么是综合结转法？综合结转半成品成本的优缺点是什么？
6. 按计划成本综合结转半成品成本有哪些优点？
7. 简述分项结转分步法的优缺点。

三、单项选择题

1. 下列方法中，属于不计列半成品成本的分步法是（　　）。
   A. 逐步结转分步法　　　　　B. 综合结转法
   C. 分项结转法　　　　　　　D. 平行结转分步法

2. 某种产品采用综合结转分步法计算成本。本期第一步骤发生费用 50 000 元，完工产品成本为 40 000 元；第二步骤本月耗用半成品 30 000 元，完工产品成本中"半成品"项目为 40 000 元。该种产品成本还原分配率为（　　）。
   A. 1　　　　　B. 0.75　　　　　C. 0.8　　　　　D. 0.6

3. 在逐步结转分步法下，各生产步骤完工的半成品入库，应借记的会计科目为（　　）。
   A. "生产成本——基本生产成本"　　　B. "自制半成品"
   C. "产成品"　　　　　　　　　　　　D. "库存商品"

4. 在综合结转分步法下，为了了解产品成本的构成和水平，对完工产品所耗用的上一步骤成品的综合成本还要进行(　　)。

  A. 计划成本计算　　　　　　　　B. 成本还原

  C. 实际成本计算　　　　　　　　D. 成本分析

 5. 平行结转分步法适用于(　　)。

  A. 要求计算完工产品所耗半成品费用但不需要进行成本还原的企业

  B. 要求计算完工产品所耗半成品费用且需要进行成本还原的企业

  C. 要求计算半成品成本的企业

  D. 不要求计算半成品成本的企业

 6. 平行结转分步法(　　)。

  A. 能全面反映各个生产步骤产品的生产耗费水平

  B. 除第一步骤外,不能全面反映各个生产步骤的生产耗费水平

  C. 能全面反映本生产步骤的生产耗费水平

  D. 不能全面反映本生产步骤的生产耗费水平

 7. 采用平行结转分步法在月末计算完工产品成本时应(　　)。

  A. 平行结转各生产步骤费用中应计入产成品的份额

  B. 逐步结转各生产步骤费用中应计入产成品的份额

  C. 逐步结转各生产步骤费用中应计入产成品的半成品成本

  D. 综合结转各生产步骤费用中应计入产成品的半成品成本

 8. 成本还原对象是(　　)。

  A. 产成品成本

  B. 各步骤所耗上一步骤半成品的综合成本

  C. 各步骤半成品成本

  D. 各步骤半成品的各成本项目

 9. 分步法这种成本计算方法适用于(　　)的企业。

  A. 单件小批生产　　　　　　　　B. 大量大批单步骤生产

  C. 大量大批多步骤生产　　　　　D. 多品种多规格生产

 10. 需要进行成本还原的分步法是(　　)。

  A. 平行结转分步法　　　　　　　B. 分项结转分步法

  C. 综合结转分步法　　　　　　　D. 逐步结转分步法

四、多项选择题

 1. 分步法的特点是(　　)。

  A. 以产品的生产步骤为成本计算对象　B. 一般按月定期计算产品成本

  C. 各步骤间存在成本结转问题　　　　D. 产品生产周期与成本计算期一致

 2. 在逐步综合结转分步法下,半成品成本的计价方式可采用(　　)。

  A. 实际成本　　　　　　　　　　B. 计划成本

  C. 加权平均实际成本　　　　　　D. 上月实际成本

 3. 与逐步结转分步法相比,平行结转分步法的缺点是(　　)。

  A. 各步骤不能同时计算产品成本

B. 不需要进行成本还原
C. 不能为实物管理和资金管理提供资料
D. 不能提供各步骤的半成品成本资料

4. 从企业管理要求出发,需要进行成本还原的成本计算方法有( )。
   A. 逐步分项结转分步法　　　　　B. 按计划成本逐步综合结转分步法
   C. 平行结转分步法　　　　　　　D. 按实际成本逐步综合结转分步法

5. 采用逐步结转分步法,按照结转的半成品成本在下一步骤产品成本明细账中的反映方法不同,可分为( )。
   A. 综合结转法　　　　　　　　　B. 分项结转法
   C. 按实际成本结转　　　　　　　D. 按计划成本结转

6. 逐步分项结转分步法的特点为( )。
   A. 能提供按原始成本项目反映的产品成本
   B. 不需要进行成本还原
   C. 能提供按原始成本项目反映的半成品成本资料
   D. 有利于加强半成品实物和资金的有效管理

7. 平行结转分步法中的在产品包括( )。
   A. 各生产步骤期末未完工产品
   B. 从半成品库转到以后步骤继续加工中的半成品
   C. 转入半成品库的自制半成品
   D. 最后生产步骤的完工产品

8. 在下列情况下,要求进行成本还原的是( )。
   A. 半成品成本按实际成本综合结转
   B. 半成品成本按实际成本分项结转
   C. 半成品成本按计划成本分项结转
   D. 管理要求从整个企业角度考核和分析产品成本的构成和水平

9. 广义在产品是指( )。
   A. 正在生产过程中加工制造的在制品
   B. 尚未产成的全部在产品和半成品
   C. 本步骤已完工转入半成品库的半成品
   D. 已从半成品库转到以后各步骤进一步加工,尚未最后产成的在产品

10. 平行结转分步法的适用情况是( )。
    A. 半成品不对外销售
    B. 管理上不要求提供各步骤半成品成本资料
    C. 半成品种类较多,逐步结转半成品成本的工作量较大
    D. 管理上要求提供各生产步骤半成品成本资料

11. 采用逐步结转分步法( )。
    A. 半成品成本的结转同其实物的转移完全一致
    B. 能够提供半成品成本资料

C. 有利于加强生产资金管理
D. 为外售半成品和展开成本指标评比提供成本资料

12. 采用分步法时,作为成本计算对象的生产步骤可以(　　)。
   A. 按生产车间设立　　　　　　B. 按实际生产步骤设立
   C. 在一个车间内按不同生产步骤设立　D. 将几个车间合并设立

13. 采用分步法计算各步骤半成品成本是(　　)。
   A. 成本计算的需要
   B. 成本控制的需求
   C. 对外销售的需要
   D. 全面考核和分析成本计划执行情况的要求

五、判断题

1. 采用平行结转分步法,各步骤可以同时计算产品成本,提高了成本计算的及时性。(　　)
2. 采用分步法计算产品成本时,不仅要求按照产品品种计算产品成本,而且还要求按照产品的生产步骤归集费用,计算成本。(　　)
3. 分步法中成本计算的分步与实际生产步骤的划分是一致的。(　　)
4. 分步法是产品成本计算基本方法中的一种。(　　)
5. 在平行结转分步法下,完工产品与月末在产品之间的费用分配,通常采用按计划成本分配计算。(　　)
6. 采用平行结转分步法,每一生产步骤的生产成本要在最终完工产品与各步骤尚未加工完成的在产品和各步骤已完工但未最终完工的产品之间进行分配。(　　)
7. 逐步结转分步法下,每一生产步骤的生产成本要在最终完工产品与该步骤在产品和后续步骤在产品之间进行分配。(　　)
8. 平行结转分步法的成本核算对象是各种产品成本及其经过的各个生产步骤中的成本份额。(　　)
9. 逐步结转分步法有利于各步骤在产品的实物管理和成本管理。(　　)
10. 在实际工作中分步法产品成本计算的分步与产品的实际生产步骤应完全一致。(　　)
11. 分步法都可以进行成本还原。(　　)
12. 完工产品的各成本项目,其成本还原后的合计与成本还原前的合计应该是相等的。(　　)
13. 分步法可进一步细分为单步骤结转分步法和多步骤结转分步法两种方法。(　　)
14. 平行结转分步法能够直接提供原始的成本项目资料。(　　)
15. 逐步结转分步法主要适用于按照成本管理的要求,需要提供各个生产步骤半成品成本资料的企业采用。(　　)

六、业务题

1. 某企业生产 A 产品需经过第一车间和第二车间连续加工完成。采用逐步结转分步法计算成本。第一车间本月转入第二车间的半成品成本 80 000 元,其中原材料费用 50 000 元,工资及福利费 10 000 元,制造费用 20 000 元。第二车间本月发生的工资及福利费 6 000 元,制造费用 12 500 元。第二车间期初及期末在产品按定额成本计价,有关资料如表 8-2、表 8-3 所示。

要求:分别采用综合结转半成品成本法和分项结转半成品成本法计算完工产品各成本项目的成本及总成本。

表 8-2 产品成本明细账

第二车间　　　　　　　　　　　　　　（综合结转）　　　　　　　　　　　　　　单位:元

项 目	半成品	直接人工	制造费用	合 计
期初在产品成本	10 000	800	1 200	12 000
本月生产费用				
合计				
本月完工产品成本				
期末在产品成本	15 000	1 100	1 900	18 000

表 8-3 产品成本明细账

第二车间　　　　　　　　　　　　　　（分项结转）　　　　　　　　　　　　　　单位:元

项 目		直接材料	直接人工	制造费用	合 计
期初在产品成本		6 250	2 050	3 700	12 000
本月生产费用	所耗上一步骤半成品成本				
	本步生产费用				
合计					
本月完工产品成本					
期末在产品成本		9 375	2 975	5 650	18 000

2. 某企业乙产品生产分两个步骤,分别由两个车间进行,第一车间加工完成的半成品入库后,再由第二车间领用继续将半成品加工成为产成品,本月第二车间领用半成品的实际成本为 37 800 元。第一、二车间有关资料如表 8-4、表 8-5 所示。

表 8-4 产品成本明细账

第一车间　　　　　　　　　　　　　　乙半成品　　　　　　　　　　　　　　单位:元

项 目	直接材料	直接人工	制造费用
月初在产品成本	3 800	2 200	4 600
本月费用	12 600	6 000	12 200
月末在产品成本	5 600	2 600	5 200

表 8-5　产品成本明细账

第二车间　　　　　　　　　　　　乙产成品　　　　　　　　　　　　　　　单位：元

项　目	半成品	直接人工	制造费用
月初在产品成本	12 200	2 400	5 000
本月费用	37 800	7 400	17 700
月末在产品成本	5 200	1 000	2 800

要求：采用逐步综合结转法计算各步骤完工产品成本，并进行成本还原。

3. 某工业企业第一、二车间产品成本明细账所列本月所产半成品及完工产品成本资料如下：

（1）第一车间本月生产的半成品成本结构为：原材料 2 900 元，工资及福利费 1 380 元，制造费用 2 720 元，合计 7 000 元；

（2）第二车间本月完工产品成品成本结构为：半成品 8 400 元，工资及福利费 2 800 元，制造费用 4 160 元，合计 15 360 元。

要求：将本月完工产品成本所耗上一步骤半成品综合成本进行成本还原，填制产成品成本还原计算表（见表 8-6）。

表 8-6　产成品成本还原计算表　　　　　　　　　　　　　　　　　　　　单位：元

项　目	还原分配率	半成品	直接材料	直接人工	制造费用	合计
还原前产成品成本						
本月所产半成品成本						
成本还原						
还原后产成品成本						

4. 某企业生产甲产品需经第一、二车间加工完成，第一车间半成品完工通过"自制半成品"账户核算，第二车间领用半成品成本按月一次加权平均单位成本计算，两个车间月末在产品均按定额成本计算，本月第二车间完工产品 1 000 件。有关资料如表 8-7、表 8-8 所示：

表 8-7　甲产品有关成本资料　　　　　　　　　　　　　　　　　　　　　　单位：元

	项　目	直接材料	直接人工	制造费用	合　计
第一车间	期初在产品成本	12 000	4 000	5 000	21 000
	本月费用	28 000	6 000	10 000	44 000
	期末在产品成本	6 000	2 000	3 000	11 000
第二车间	期初在产品成本	20 000	5 000	10 000	35 000
	本月费用		14 000	15 000	
	期末在产品成本	7 500	2 000	5 000	14 500

表 8-8 自制半成品明细账

甲半成品 单位：元

月初余额		本月增加		累计			本月减少		月末余额	
数量（件）	实际成本	数量（件）	实际成本	数量（件）	实际成本	单位成本	数量（件）	实际成本	数量（件）	实际成本
100	11 000	900		1 000			800			

要求：采用逐步综合结转分步法计算本月完工产成品实际成本，并进行成本还原。

5. 某企业生产甲产品，经过两个生产步骤加工制成，采用平行结转分步法计算产品成本。有关费用的实际资料见产品成本明细账。生产费用在完工产品与在产品之间分配采用定额比例法，其中原材料费用按定额原材料费用比例分配，其他各项费用均按定额工时比例分配。本月甲产品有关的定额资料如表8-9所示。

表 8-9 甲产品有关定额资料

车间份额	月初在产品		本月投入		单价定额		本月产成品		
	定额原材料费用	定额工时	定额原材料费用	定额工时	原材料费用	工时	产量（件）	定额原材料费用	定额工时
第一车间份额	4 000	10 000	16 000	30 000	20	40	600	12 000	24 000
第二车间份额		4 800		20 000		30	600	12 000	18 000
合计	4 000	14 800	16 000	50 000	20	70	600		42 000

要求：（1）计算并填入第一、二车间的产品成本明细账（表8-10、表8-11）；（2）将第一、二车间产品成本明细账中应计入产成品成本的"份额"，平行结转汇总计入甲产品成本汇总表（表8-12）。

表 8-10 产品成本明细账

第一车间 甲产品 单位：元

摘 要	产成品产量(件)	直接材料		定额工时	直接人工	制造费用	成本合计
		定额	实际				
月初在产品成本			3 900		1 700	1 500	7 100
本月生产费用			15 720		4 200	3 600	23 520
合计							
费用分配率							
产成品成本中本步骤份额	600						
月末在产品成本							

表 8-11 产品成本明细账

第二车间　　　　　　　　　　　A 产品　　　　　　　　　　　单位：元

摘　要	产成品产量(件)	直接材料		定额工时	直接人工	制造费用	成本合计
		定额	实际				
月初在产品成本					1 260	1 100	2 360
本月生产费用					2 460	2 868	5 328
合计							
费用分配率							
产成品成本中本步骤份额	600						
月末在产品成本							

表 8-12 甲产品成本汇总表　　　　　　　　　单位：元

车间份额	产量(件)	直接材料	直接人工	制造费用	成本合计
第一车间份额	600				
第二车间份额	600				
合计	600				
单位成本	600				

6. 某企业采用逐步结转分步法分三个步骤计算产品成本，三个步骤成本计算的资料如表 8-13 所示。

表 8-13 三个步骤成本计算资料

生产步骤	半成品	直接材料	直接工资	制造费用	合　计
第一步骤半成品成本		40 000	16 000	4 000	60 000
第二步骤半成品成本	70 000		8 000	3 000	81 000
第三步骤半成品成本	77 760		4 000	12 000	93 760

要求：用结构比重法和成本还原率法进行成本还原。

7. 某企业的甲产品分三道工序进行生产，所耗原材料在开始时一次投入。甲产品月初投产 100 件，本月完工 60 件，月末在产品 40 件，其中第一、第二、第三道工序分别为 20 件、10 件、10 件。加工费用项目完工程度各步骤均为 50%。本月各道工序发生的生产费用如表 8-14 所示。

表 8-14　甲产品各工序生产费用

工　序	直接材料	直接人工	合　计
第一道工序	800	180	980
第二道工序		300	300
第三道工序		195	195
合计	800	675	1 475

要求：按平行结转分步法计算完工产品成本和月末在产品成本。

8. 某产品经过两个步骤生产，第一步骤生产半成品，第二步骤生产产成品。要求，根据给定的资料用平行结转分步法计算产品成本。

（1）资料一：本月的实际产量为：半成品 200 件，产成品 400 件。

（2）资料二：本月份的生产费用如表 8-15 所示。

表 8-15　某产品有关成本资料

	直接材料	燃料和动力	直接人工	制造费用	合　计
第一步骤	84 000	14 200	15 600	12 000	125 800
第二步骤		6 000	17 800	14 800	38 600

（3）资料三：有关定额资料如表 8-16 所示。

表 8-16　某产品有关定额资料

	产　成　品		在　产　品	
	材料定额费用	定额工时	材料定额费用	定额工时
第一步骤	65 000	4 000	15 000	1 000
第二步骤		6 000		2 000

（4）资料四：第一步骤基本生产明细账如表 8-17 所示。

表 8-17　第一步骤基本生产明细账

摘　要	月初	本月	合计	分配率	产成品份额			在产品成本	
					定额	实际总成本	单位成本	定额	实际成本
直接材料	16 000								
燃料动力	900								
直接人工	1 200								
制造费用	800								
合计	18 900								

(5) 资料五：第二步骤基本生产明细账如表 8-18 所示。

表 8-18　第二步骤基本生产明细账

摘　要	月初	本月	合计	分配率	产成品份额			在产品成本	
					定额	实际总成本	单位成本	定额	实际成本
直接材料									
燃料动力	1 400								
直接人工	1 600								
制造费用	980								
合计	3 980								

(6) 资料六：产品成本汇总表如表 8-19 所示。

表 8-19　产品成本汇总表

成本项目	第一步骤份额	第二步骤份额	总成本	单位成本
直接材料				
燃料和动力				
直接人工				
制造费用				
合计				

要求：填写各表格。

表 8-20　某产品生产成本资料表

项　目	分配率	半成品	直接材料	直接人工	制造费	合　计
还原前成本		22 400		4 400	9 950	36 750
半成品成本			5 400	2 800	5 800	14 000
成本还原						
还原后成本						

9. 某企业分三个步骤连续加工丙产品，原材料系生产开始时一次投入。该企业采用综合结转分步法计算丙产品成本，本月各生产步骤完工半成品和完工产成品资料如表 8-21 所示。

表 8-21 丙产品生产成本资料

成本项目	第一步骤完工丙半成品	第二步骤完工丙半成品	第三步骤完工丙半成品
半成品		56 000（从半成品库领用）	88 000（从半成品库领用）
直接材料	24 000		
燃料和动力	3 600	8 000	10 800
直接人工	4 400	8 800	4 400
制造费用	8 000	7 200	4 800
合计	40 000	80 000	108 000

要求：根据以上资料，分别采用结构比重法和还原系数法，编制丙产品成本还原计算表（表 8-22、表 8-23）。

表 8-22 丙产品成本还原计算表（结构比重法）

成本项目	还原前产成品成本	第一次还原			第二次还原			还原后产成品总成本
		第二步骤半成品成本	还原分配率	还原	第一步骤半成品成本	还原分配率	还原	
半成品								
直接材料								
燃料动力								
直接人工								
制造费用								
合计								

表 8-23 丙产品成本还原计算表（还原系数法）

成本项目	还原前产成品成本	第一次还原			第二次还原			还原后产成品总成本
		第二步骤半成品成本	还原分配率	还原	第一步骤半成品成本	还原分配率	还原	
半成品								
直接材料								
燃料动力								
直接人工								
制造费用								
合计								

10. 某企业大量生产 W 产品,顺序经过三个步骤连续加工完成。原材料在开工时一次投入,其他费用随加工程度逐步发生,各步骤月末在产品完工程度均为 50%。第一步骤生产的 E 半成品直接转入第二步骤加工,第二步骤生产的 F 半成品直接转入第三步骤加工。该企业采用约当产量法计算各步骤应计入产成品成本的费用份额。该企业 10 月份生产情况和成本资料如表 8-24、表 8-25 所示。

表 8-24 产量记录　　　　　　　　　　　　　　　　　　单位:件

项　目	第一车间	第二车间	第三车间
月初在产品数量	6	18	30
本月投产或上步骤转入数量	150	132	120
本月完工或转入下步骤数量	132	120	123
月末在产品(狭义)数量	24	30	27

表 8-25 费用发生额

成本项目	第一步骤			第二步骤			第三步骤		
	月初余额	本月发生	合计	月初余额	本月发生	合计	月初余额	本月发生	合计
直接材料	6 750	16 098	22 848						
直接人工	1 194	4 086	5 280	1 470	3 480	4 950	636	3 186	3 822
制造费用	1 158	3 354	4 512	1 330	3 026	4 356	750	2 799	3 549
合计	9 102	23 538	32 640	2 800	6 506	9 306	1 386	5 985	7 371

要求:根据以上资料,采用平行结转分步法计算 W 产品的总成本和单位成本。计算结果填入表 8-26、表 8-27、表 8-28、表 8-29。

表 8-26 产品成本计算单　　　　　　　　　　　　　　第一步骤:E 半成品

摘　要	直接材料	直接人工	制造费用	合　计
月初在产品				
本月发生费用				
合计				
分配率				
计入产成品成本的份额费用				
月末在产品				

表 8-27　产品成本计算单　　　　　　　　　第二步骤：F 半成品

摘　　要	直接材料	直接人工	制造费用	合　计
月初在产品				
本月发生费用				
合计				
分配率				
计入产成品成本的份额费用				
月末在产品				

表 8-28　产品成本计算单　　　　　　　　　第三步骤：W 半成品

摘　　要	直接材料	直接人工	制造费用	合　计
月初在产品				
本月发生费用				
合计				
分配率				
计入产成品成本的份额费用				
月末在产品				

表 8-29　产品成本汇总表　　　　　　　　　产品名称：W 产品

生产步骤	直接材料	直接人工	制造费用	合　计
第一步骤				
第二步骤				
第三步骤				
总成本				
单位成本				

11. 某工业企业大量生产乙产品，该产品分三个步骤由三个车间连续加工制成。原材料在开工时一次投入，其他费用随加工程度逐步发生，月末在产品完工程度均为 50%。第一步骤生产的 A 半成品和第二步骤生产的 B 半成品均通过半成品仓库收发，发出半成品的成本采用加权平均法确定。该企业 6 月份有关成本计算资料如表 8-30、表 8-31、表 8-32 所示。

表 8-30　产量记录　　　　　　　　　　　　　　　　　单位：件

项　目	月初在产品	本月投入	本月完工	月末在产品
第一步骤	75	450	360	165
第二步骤	45	375	300	120
第三步骤	120	280	370	30

表 8-31　月初在产品成本

项　目	直接材料	半成品	直接人工	制造费用	合　计
第一步骤	5 250		1 035	2 100	8 385
第二步骤		6 285	645	2 070	9 000
第三步骤		26 330	10 650	5 925	42 905
合计	5 250	32 615	12 330	10 095	60 290

表 8-32　本月生产费用

项　目	直接材料	直接人工	制造费用	合　计
第一步骤	42 000	8 700	14 715	65 415
第二步骤		16 275	15 930	32 205
第三步骤		32 085	29 110	61 195
合计	42 000	57 060	59 755	158 815

A 半成品 6 月初结存 90 件，实际成本 13 050 元；B 半成品 6 月初结存 100 件，实际成本 24 800 元。

要求：根据以上资料采用逐步综合结转分步法（半成品按实际成本综合结转）计算各步骤半成品成本和完工乙产成品和完工乙成品成本。计算结果填入表 8-33、表 8-34、表 8-35、表 8-36、表 8-37。

表 8-33　产品成本计算单　　　　　　　　　　　　　第一步骤：A 半成品

项　目		产　量	直接材料	直接人工	制造费用	合　计
月初在产品						
本月发生费用						
合计						
完工半成品	总成本					
	单位成本					
月末在产品						

表 8-34　自制产成品明细账　　　　　　　　　半成品名称：A

摘　要	收　入			发　出			结　存		
月初余额									
第一步骤交库									
第二步骤领用									

表 8-35　产品成本计算单　　　　　　　　　第二步骤：B 半成品

项　目		产　量	直接材料	直接人工	制造费用	合　计
月初在产品						
本月发生费用						
合计						
完工半成品	总成本					
	单位成本					
月末在产品						

表 8-36　自制产成品明细账　　　　　　　　　半成品名称：B

摘　要	收　入			发　出			结　存		
月初余额									
第一步骤交库									
第二步骤领用									

表 8-37　产品成本计算单　　　　　　　　　第三步骤：乙产品

项　目		产　量	直接材料	直接人工	制造费用	合　计
月初在产品						
本月发生费用						
合计						
完工产成品	总成本					
	单位成本					
月末在产品						

12. 某企业生产甲产品需经第一、二车间加工完成,第一车间半成品完工通过"自制半成品"账户核算,第二车间领用半成品成本按计划成本计算,两个车间月末在产品

均按定额成本计算。有关资料如表8-38、表8-39所示。

表8-38 甲产品生产成本资料　　　　　　　　　　　单位：元

	项　目	直接材料	直接人工	制造费用	合　计
第一车间	期初在产品成本	12 000	4 000	5 000	21 000
	本月费用	28 000	6 000	10 000	44 000
	期末在产品成本	6 000	2 000	3 000	11 000
第二车间	期初在产品成本	20 000	5 000	10 000	35 000
	本月费用		14 000	15 000	
	期末在产品成本	6 680	2 000	5 000	13 680

表8-39 自制半成品明细账

甲半成品　　　计划单位成本为58.5元

月初余额			本月增加			累　计			本月减少		
数量	计划成本	实际成本	数量	计划成本	实际成本	数量	计划成本	实际成本	数量	计划成本	实际成本
100		10 350	900			1 000			800		

要求：采用逐步综合结转分步法计算本月完工产成品实际成本，并进行成本还原。

13. 企业本月半成品和产成品有关资料如表8-40所示。

表8-40 半成品和产成品相关资料

项　目	分配率	半成品	直接材料	直接人工	制造费	合　计
还原前成本		22 400		4 400	9 950	36 750
半成品成本			5 400	2 800	5 800	14 000
成本还原						
还原后成本						

要求：填入表8-40。

14. 某工业企业第一、二车间产品成本明细账所列本月所产半成品及完工产品成本资料如下：

(1) 第一车间本月生产的半成品成本结构为：原材料2 900元，工资及福利费1 380元，制造费用2 720元，合计7 000元；

(2) 第二车间本月完工产品成品成本结构为：半成品8 400元，工资及福利费2 800元，制造费用4 160元，合计15 360元。

要求：将本月完工产品成本所耗上一步骤半成品综合成本进行成本还原，并填制产成品成本还原计算表。

15. 某企业生产 A 产品，经过两个步骤连续加工制成，所用原材料开始时一次投入，各步骤计入产成品成本的费用采用约当产量比例法计算，有关产量、费用资料如表 8-41、表 8-42、表 8-43 所示。要求：采用平行结转分步法计算 A 产品成本，完成成本计算单和成本汇总表的编制，以及编制 A 产品完工入库分录。

表 8-41　产量资料

步　骤	月初在产品	本月投入	本月完工	月末在产品	完工程度
第一步骤	20	200	160	60	50%
第二步骤	60	160	180	40	50%

表 8-42　第一步骤产品成本计算单

项　目	直接材料	直接人工	制造费用	合　计
月初在产品成本	11 210	1 350	1 800	14 360
本月生产费用	35 830	5 150	7 200	48 180
合计				
约当产量				
单位成本				
产成品成本中本步骤份额				
月末在产品成本				

表 8-43　第二步骤产品成本计算单

项　目	直接材料	直接人工	制造费用	合　计
月初在产品成本		720	860	1 580
本月生产费用		2 880	4 340	7 220
合计				
约当产量				
单位成本				
产成品成本中本步骤份额				
月末在产品成本				

第九章 产品成本计算的辅助方法

学习指导

本章主要介绍了分类法及定额法。在分类法中，主要掌握联产品、副产品、等级品的成本计算。在定额法中，读者应熟练掌握脱离定额差异、定额变动差异的计算以及材料成本差异的分配问题。本章各节主要内容及知识要点如表9-1所示。

表 9-1

章 节	主 要 内 容	知 识 要 点
第一节 产品成本计算的分类法	分类法的主要特点	分类法的各种特点
	分类法的适用范围	产品品种、规格繁多，但可以按照一定标准将产品划分为若干类别的企业和车间
	分类法的计算程序	三个计算步骤
	联产品、副产品和等级品的成本计算	联产品的成本计算 副产品的成本计算 等级品的成本计算
第二节 产品成本计算的定额法	定额法的特点	定额法的三个特点
	定额法的计算程序	定额成本的计算 脱离定额差异的计算 材料成本差异的分配 定额变动差异的计算 产品实际成本的计算
	优缺点、适用范围和应用条件	四个优点和两个应用条件
第三节 各种成本计算方法的实际应用	几种产品成本计算方法的结合应用	品种法、分批法、分步法、分类法、定额法

练习题

一、名词解释

1. 系数法　　　　　　　　2. 分类法
3. 联产品　　　　　　　　4. 副产品
5. 定额法　　　　　　　　6. 定额变动差异

7. 脱离定额差异　　　　　　　　　8. 定额成本

9. 等级产品

二、简答题

1. 简述分类法的特点和优缺点和采用时应注意的问题。
2. 简述定额法的优点及适用条件。
3. 与其他成本计算方法相比,定额法的优点是什么?
4. 简述定额法的特点。
5. 简述定额成本与计划成本的异同。
6. 计算一种产品的成本,在什么情况下可结合采用几种不同的成本计算方法?
7. 如何理解几种成本计算方法的同时应用?
8. 在什么样的情况下,可以同时采用几种不同的成本计算方法?

三、单项选择题

1. 采用分类法时,直接影响成本计算相对正确性的因素是(　　)。
   A. 产品的生产规模　　　　　　　B. 产品的分类和分配标准
   C. 产品的生产特点　　　　　　　D. 产品的生产周期
2. 正确计算主、副产品成本的关键是合理计算(　　)。
   A. 副产品成本　　　　　　　　　B. 原材料成本
   C. 周期末在产品成本　　　　　　D. 本期生产费用
3. 某企业采用分类法计算产品成本,类内三种产品的材料费用定额为:甲产品为 80 000 元,乙产品为 100 000 元,丙产品为 120 000 元,其中乙产品为标准产品,则甲产品的材料费用系数为(　　)。
   A. 1.2　　　　B. 1　　　　C. 0.8　　　　D. 1.25
4. 必须采用分类法计算成本的产品是(　　)。
   A. 联产品　　　B. 等级品　　　C. 副产品　　　D. 主产品
5. 分类法适用于(　　)。
   A. 大量大批多步骤生产的产品
   B. 品种、规格繁多的产品
   C. 可以按照一定标准分送的产品
   D. 品种、规格繁多,且可以按照其结构、所用原材料和工艺过程不同分为若干类的产品
6. 采用限额法计算脱离定额差异时,领料差异等于用料差异的情况是(　　)。
   A. 产品投产数量等于规定的产品数量　　B. 车间没有余料
   C. 期初、期末余料数量相等　　　　　　D. A 和 B 或 A 和 C
7. 原材料脱离定额差异一般是(　　)。
   A. 数量差异　　　　　　　　　　B. 价格差异
   C. 原材料成本差异　　　　　　　D. 定额变动
8. 下列方法中,既是产品成本计算方法,又是成本控制方法的是(　　)。
   A. 分批法　　　B. 分类法　　　C. 分步法　　　D. 定额法

9. 在定额法下,当消耗定额提高时,月初在产品的定额成本的调整数和定额变动差异(　　)。

　　A. 都是正数　　　　　　　　　　B. 都是负数

　　C. 前者是正数,后者是负数　　　D. 前者是负数,后者是正数

10. 采用系数法时,被选定的标准产品应是(　　)。

　　A. 盈利最多的产品　　　　　　　B. 成本计算工作量最大的产品

　　C. 产量较大、生产稳定或规格适中的产品　　D. 占企业产品成本比重最大的产品

11. 定额法的特点是(　　)。

　　A. 只能用于大批大量生产的机械制造企业

　　B. 较其他成本计算方法核算工作量大

　　C. 不能合理、简便地解决完工产品和月末在产品之间的费用分配问题

　　D. 不便于企业进行成本分析

12. 在完工产品成本中,如果月初在产品定额变动差异是正数则说明(　　)。

　　A. 定额提高了

　　B. 定额降低了

　　C. 本月定额管理和成本管理不顺利

　　D. 本月定额管理和成本管理取得了成绩

13. 定额法适用于(　　)。

　　A. 小批单件单步骤生产的企业

　　B. 大量大批多步骤生产的企业

　　C. 可以按一定标准将所产产品进行分类的企业

　　D. 定额管理基础较好,各项消耗定额较准确且稳定的企业

14. 除经过切割才能使用的材料外,核算和控制用料差异应选择的常用方法是(　　)。

　　A. 限额法　　　B. 退料法　　　C. 盘存法　　　D. 切割法

15. 计算月初在产品定额变动差异,其目的是(　　)。

　　A. 正确计算本月产成品的定额成本　　B. 正确计算本月半成品的实际成本

　　C. 调整本月发生的定额成本　　　　　D. 调整月初在产品的定额成本

16. 在计算一种产品成本时(　　)。

　　A. 可能结合采用几种成本计算方法　　B. 不可能结合采用几种成本计算方法

　　C. 可能同时采用几种成本计算方法　　D. 必须结合采用几种成本计算方法

17. 下列成本计算方法中,一般与分类法结合使用的是(　　)。

　　A. 分步法　　　B. 品种法　　　C. 分批法　　　D. 定额法

18. 在一个企业或车间中(　　)。

　　A. 可能同时采用几种成本计算方法　　B. 不可能同时采用几种成本计算方法

　　C. 必须同时采用几种成本计算方法　　D. 能够结合采用几种成本计算方法

19. 产品成本计算的定额法,在适用范围上(　　)。

　　A. 与生产类型直接相关　　　　　　　B. 与生产类型无关

C. 适用于大量生产 D. 适用于小批生产

20. 定额成本与计划成本的关系是( )。

A. 两者是同一词

B. 两者毫无关系

C. 前者是根据现行定额计算的成本,后者是根据计划期内平均定额计算的成本

D. 前者是根据计划期内平均定额计算的成本,后者是根据现行定额计算的成本

21. 不能采用分类法及与其相类似的方法进行成本计算的产品是( )。

A. 联产品　　　　B. 等级品　　　　C. 主、副产品　　　　D. 零星产品

22. 在脱离定额差异的核算中,与制造费用脱离定额差异核算方法相同的是( )。

A. 原材料 B. 计时工资形式下的生产工人工资

C. 自制半成品 D. 计件工资形式下的生产工人工资

23. ABC 三种产品的定额成本为 35,47,49。现假设一产品 D 的定额成本为 100,设其系数为 1,则 ABC 三种产品的系数分别为( )。

A. 0.35　0.47　0.49 B. 35/47　1　47/49

C. 0.35　1　35/39 D. 1　35/47　35/49

24. 分类法下,在计算同类产品内不同产品的成本时,对于类内产品发生的各项费用( )。

A. 只有直接费用才需直接计入各种产品成本

B. 只有间接计入费用才需分配计入各种产品成本

C. 无论直接计入费用,还是间接计入费用,都需采用一定的方法分配计入各种产品成本

D. 直接费用直接计入各种产品成本,间接计入费用分配计入各种产品成本

四、多项选择题

1. 分类法的优缺点是( )。

A. 可以简化成本计算工作 B. 便于成本日常控制

C. 计算结果有一定假定性 D. 可以分类掌握产品成本情况

2. 采用系数法时,被选定作为标准产品的产品,应具备以下条件( )。

A. 产量较小 B. 成本较高

C. 产量较大 D. 生产比较稳定

3. 系数法是( )。

A. 一种成本计算的基本方法

B. 简化的费用分配方法的一种

C. 一种间接计入费用分配法

D. 一种类内分配计算各种产品原料费用的方法

4. 产品成本计算分类法的特点是( )。

A. 按产品的品种归集费用,计算成本

B. 按产品的批别归集费用,计算成本

C. 按产品的类别归集费用,计算成本

D. 同一类产品内不同品种产品的成本采用一定的分配方法分配确定

5. 实际所耗原材料应负担的材料成本差异是( )。

A. 原材料实际消耗量乘以原材料计划单价,再乘以原材料成本差异率

B. 原材料定额消耗量乘以原材料计划单价,再乘以原材料成本差异率

C. 原材料定额费用乘以原材料成本差异率

D. 原材料定额费用与原材料脱离定额差异金额之和,乘以原材料成本差异率

6. 核算脱离定额差异,是为了( )。

A. 确定和分析价格差异

B. 进行产品成本的事前控制

C. 进行产品成本的日常分析和事中控制

D. 为月末进行产品实际成本计算提供数据

7. 核算原材料脱离定额差异的方法,一般有( )。

A. 限额法   B. 限额凭证法

C. 切割核算法   D. 盘存法

8. 如果月初在产品定额变动差异是正数,说明( )。

A. 消耗定额降低了

B. 消耗定额提高了

C. 本月份定额管理和成本管理有成绩

D. 以前月份定额管理和成本管理取得了成绩

9. 定额成本与计划成本的异同是( )。

A. 两者都是以产品生产耗费的消耗定额和计划价格为依据确定的目标成本

B. 两者毫无关系

C. 前者是根据计划期内平均定额计算的成本,后者是根据现行定额计算的成本

D. 前者是根据现行定额计算的成本,后者是根据计划期内平均定额计算的成本

10. 定额法的优点是( )。

A. 有利于加强成本控制,便于成本定期分析

B. 有利于提高成本的定额管理和计划管理水平

C. 能够较为合理、简便地解决完工产品和月末在产品的费用分配问题

D. 较其他产品成本计算方法核算工作量较小

11. 下列各项属于产品成本计算辅助方法的是( )。

A. 分类法   B. 定单法   C. 定额法   D. 变动成本法

12. 在定额法下,产品的实际成本是下列哪几项的代数和( )。

A. 按现行定额计算的产品定额成本   B. 脱离定额的差异

C. 材料成本差异   D. 月初在产品定额变动差异

13. 在脱离定额差异的核算中,与原材料脱离定额差异核算方法相同或相类似的有( )。

A. 自制半成品   B. 计时工资形式下的生产工人工资

C. 计件工资形式下的生产工人工资　　D. 制造费用

14. 在产品成本计算的分类法下,各类产品的分类标准有(　　)。
   A. 生产类型　　　　　　　　　B. 产品结构
   C. 工艺过程　　　　　　　　　D. 所用原材料

15. 应该采用分类法计算成本的产品有(　　)。
   A. 联产品
   B. 由于工人操作原因所造成的质量等级不同的产品
   C. 品种、规格繁多、但可按规定标准分类的产品
   D. 品种、规格多,且数量少、费用比重小的一些零星产品

16. 在产品成本计算中,可结合应用几种成本计算方法的情况有(　　)。
   A. 基本生产车间和辅助生产车间的生产类型不同
   B. 一个生产车间中的各种产品生产类型不同
   C. 一种产品不同生产步骤的生产特点和管理要求不同
   D. 为了解决成本计算或成本管理工作中某一方面的问题

17. 下列产品成本计算方法中一般可以与辅助方法结合应用的有(　　)。
   A. 品种法　　　B. 分批法　　　C. 定额法　　　D. 分步法

18. 决定一个企业采用何种成本计算方法的因素有(　　)。
   A. 企业生产组织特点　　　　　B. 企业生产工艺过程特点
   C. 企业成本管理要求　　　　　D. 成本会计机构设置

19. 产品成本计算的基本方法(　　)。
   A. 可以单独应用　　　　　　　B. 可以与另一种基本方法结合应用
   C. 可以与另一种辅助方法结合应用　　D. 可以与另一种基本方法同时应用

20. 下列方法中,属于各种成本计算方法同时应用的有(　　)。
   A. 一个车间的不同产品采用不同的成本计算方法
   B. 一个企业的不同产品采用不同的成本计算方法
   C. 一个企业的不同车间采用不同的成本计算方法
   D. 一种产品的不同生产步骤采用不同的成本计算方法

21. 在采用分类法时,做到既简化成本计算工作,又使成本计算相对正确的关键是(　　)。
   A. 产品的分类应适当　　　　　B. 选择费用的分配标准要恰当
   C. 产品分类的类距要适当　　　D. 产品分类的类距越小越好

22. 采用分类法计算产品成本,某类产品中各种产品之间分配费用的标准可以选用(　　)。
   A. 定额消耗量　　　　　　　　B. 定额费用
   C. 产品售价　　　　　　　　　D. 相对固定的系数

五、判断题

1. 系数法中的系数一经确定,应相对稳定,不应任意变更。　　(　　)
2. 分类法是以产品类别为成本计算对象的一种产品成本计算的方法。　　(　　)

3. 联产品必须采用分类法计算成本。（　）
4. 只要产品的品种、规格繁多,就应该采用分类法计算产品成本。（　）
5. 用分类法计算出的类内各种产品的成本带有一定的假定性。（　）
6. 按系数分配费用,实际上是按以产量加权的总系数分配费用。（　）
7. 应用系数法计算分配同类产品内各种产品成本时,产品的各项生产费用均按同一系数比例进行分配。（　）
8. 定额成本是一种目标成本,是企业进行成本控制和考核的依据。（　）
9. 定额法与生产类型没有直接联系,因而适用于各种类型的生产。（　）
10. 在限额法下,要控制用料不超支,不仅要控制领料不超过限额,而且还要控制投产的产品数量不少于计划规定的产品数量。（　）
11. 采用限额法控制领料时,差异凭证上反映的差异就是用料差异。（　）
12. 废料的超定额回收不一定是原材料脱离定额的有利差异。（　）
13. 在计件工资形式下,生产工人工资属于直接计入费用,因而其脱离定额差异的核算与原材料相似。（　）
14. 通常情况下,企业生产产品品种较多时,其产品成本计算方法宜采用定额法。（　）
15. 制定定额成本的过程,也是进行成本事前控制的过程。（　）
16. 产品定额成本与计划成本的相同之处在于均在计划期内保持不变。（　）
17. 主、副产品分离前应合为一类产品计算成本。（　）
18. 定额法不仅是一种产品成本计算的基本方法,而且还是一种对产品成本进行直接控制、管理的方法。（　）
19. 只有大量大批生产的企业才能采用定额法计算产品成本。（　）
20. 在定额法下,退料单是一种差异凭证。（　）
21. 单位产品的定额成本就是单位产品的计划成本。（　）
22. 进行材料切割核算时,回收废料超过定额差异可以冲减材料费用。（　）
23. 定额变动差异反映的是生产费用的实际支出符合定额的程度。（　）
24. 自制半成品脱离定额差异的计算与原材料相同。（　）
25. 在计算一种结构复杂产品的成本时,必须结合应用几种成本计算方法。（　）
26. 在计算一种产品实际成本时,可以单独应用一种基本方法,也可以结合应用几种基本方法。（　）
27. 产品成本计算的基本方法和辅助方法在计算成本时,既可以单独使用,也可以结合使用。（　）
28. 实际工作中定额法是可以单独应用的。（　）
29. 对于同一种产品只能采用一种成本计算方法。（　）
30. 一个企业或车间有可能同时应用几种成本计算方法。（　）
31. 各种成本计算方法的同时应用是指计算不同产品成本时,分别采用不同的成本计算方法。（　）

六、业务题

1. 某企业采用分类法进行产品成本计算，Y 类产品分为甲、乙、丙三个品种，甲为标准产品。类内原材料费用按定额费用系数分配，Y 类完工产品原材料费用为 269 700 元。产量及定额资料如下：

甲产品产量 400 件，单位产品原材料定额为 240 元；

乙产品产量 600 件，单位产品原材料定额为 312 元；

丙产品产量 300 件，单位产品原材料定额为 216 元；

要求：采用系数法计算甲、乙、丙三种产品原材料费用。

2. 某企业生产甲类产品，采用分类法计算各种产品成本。类内又有 A、B、C、D 四种产品，甲类产品的原材料费用按照各种产品的原材料费用系数进行分配，原材料费用系数按原材料费用定额确定，C 种产品为标准产品，其他费用按定额工时的比例进行分配。甲类产品的产量和产品成本明细账等资料如表 9-2、表 9-3 所示。

表 9-2 甲类产品的产量、费用定额、定额工时资料

产品名称	单位产品原材料费用定额	单位产品工时定额	产量
A	615	150	400
B	492	145	300
C	410	130	650
D	369	120	800

表 9-3 产品成本明细账　　产品种类：甲　　单位：元

项目	直接材料	燃料及动力	直接人工	制造费用	合计
月初在产品成本	2 305	85	160	572	3 122
本月发生费用	835 067	230 115	270 000	235 819	1 571 001
合计	837 372	230 200	270 160	236 391	1 574 123
完工产品成本	834 140	230 040	269 800	235 720	1 569 700
月末在产品成本	3 232	160	360	671	4 423

要求：采用分类法计算表内每种产品成本，并将计算结果填入表 9-4 内。

表 9-4 各种产品成本计算表　　产品种类：甲　　单位：元

项目	产量	原材料费用系数	原材料费用总系数	单位产品定额工时	定额总工时	直接材料	燃料及动力	直接人工	制造费用	成本合计
分配率										
A 产品										

（续表）

项目	产量	原材料费用系数	原材料费用总系数	单位产品定额工时	定额总工时	直接材料	燃料及动力	直接人工	制造费用	成本合计
B产品										
C产品										
D产品										
合　计										

3. 甲产品的一些零部件从本月1日起实行新的消耗定额。旧的原材料费用定额为200元，新定额为210元；旧的工时定额为40小时，新定额为38小时。该产品月初在产品按旧定额计算的定额原材料费用为4 000元，定额工资费用为3 000元，定额制造费用为2 500元。

要求：计算甲产品新旧定额之间的折算系数，并据以计算该产品月初在产品定额变动差异。

4. 某种产品成本明细账所记本月原材料费用资料如下：

定额费用为51 000元，脱离定额差异（节约）120元，材料成本超支差异60元，月初在产品定额成本调整为降低230元。

要求：计算该种产品原材料的实际费用。

5. 某企业有关A产品原材料费用的资料如下：

(1) 月初在产品定额费用为2 500元，月初在产品脱离定额的差异为节约125元，月初在产品定额费用调整为降低50元，定额变动差异全部由完工产品负担。

(2) 本月定额费用为63 800元，本月脱离定额差异为节约1 200元，按定额费用比例在完工产品与在产品之间进行分配。

(3) 本月原材料成本差异率为节约3%，材料成本差异全部由完工产品负担。

(4) 本月完工产品的定额费用为55 000元。

要求：(1) 计算月末在产品的原材料定额费用；(2) 计算完工产品和月末在产品的原材料实际费用。

6. 某企业丙产品采用定额成本法计算成本。8月份原材料费用如下：月初在产品定额成本2 600元，月初在产品脱离定额差异节约126元；月初在产品定额成本调整降低40元，定额变动差异由完工产品成本负担；本月投入产品的定额成本32 000元，本月脱离定额差异节约738元，本月原材料成本差异率为节约2%，材料成本差异由完工产品负担，本月完工产品定额成本33 470元。

要求：(1) 计算丙产品月末在产品的原材料定额成本；(2) 计算丙产品本月完工产品和月末在产品原材料实际费用（脱离定额差异按定额成本比例在完工产品和月末在产品之间分配）。

7. 某企业9月份生产子产品，耗用A、B两种原材料。A材料按定额计算的耗用量为 75 000 千克,实际耗用量为 81 000 千克;B 材料按定额计算的耗用量为 15 000 千克,实际耗用量为 12 000 千克。A、B 材料的计划单价分别为 4 元和 3 元,两种材料的成本差异率均为 1%。

子产品 9 月初按实际产量计算的定额生产工时为 8 400 小时;实际生产工时为 9 000 小时;单位小时计划工资为 0.66 元,计划制造费用为 0.5 元;单位小时的实际工资为 0.6 元,实际制造费用为 0.55 元。

该企业 9 月份在产品原材料定额成本为 21 000 元,工资定额成本为 12 000 元,制造费用定额成本为 15 000 元。单位产品原材料定额费用由上月的 180 元降为 162 元,单位产品的工时由上月的 120 小时降为 114 小时。

9 月份完工产品共 800 件。

要求:根据以上资料,计算子产品 9 月份完工产品的定额成本和实际成本。计算结果填入表 9-5。

表 9-5 产品成本计算单

成本项目	定额成本	脱离定额差异	定额变动差异	材料成本差异	实际成本
原材料					
工资					
制造费用					
合计					

8. 某企业对甲原料进行分离加工,生产出 A、B、C 三种产品。其产量为:A 产品 100 千克,B 产品 600 千克,C 产品 400 千克。本月生产费用合计为:直接材料 5 090.40 元,直接人工 1 696.80 元,制造费用 3 393.6 元。产品全部完工。单位销售价格:A 产品 10 元,B 产品 8 元,C 产品 5 元。

要求:以 A 产品为标准产品,采用系数法分配计算三种产品成本(按售价折算系数)(写出计算过程)。

9. 某企业采用分类法进行产品成本计算,A 类产品包括甲、乙、丙三个品种,其中甲产品为标准产品。类内产品成本分配方法为:直接材料按材料费用定额系数为标准,其他费用项目按定额工时系数为标准。A 类完工产品成本以及产量和定额等资料如表 9-6 和表 9-7 所示。

表 9-6 A 类产品成本计算单

项 目	直接材料	直接人工	制造费用	合 计
月初在产品成本	8 900	3 200	5 200	17 300
本月发生费用	90 850	45 300	49 700	185 850
完工产品成本	85 200	35 550	47 400	168 150
月末在产品成本	14 550	12 950	7 500	3 500

表 9-7 产量及定额资料

项目	产量	单位产品材料费用定额	单位产品工时定额
甲产品	200 件	150 元	12 小时
乙产品	200 件	120 元	15 小时
丙产品	150 件	172.50 元	11.4 小时

要求：填制 A 类产品系数计算表和 A 类产品成本计算单。

表 9-8 甲类产品系数计算表

项目	直接材料		工时	
	单位产品定额(元)	系数	单位产品定额(小时)	系数
甲产品				
乙产品				
丙产品				

表 9-9 甲类产品成本计算单

项目	产量	直接材料系数	直接材料总系数	工时系数	工时总系数	直接材料	直接人工	制造费用	成本合计
分配率									
甲产品									
乙产品									
丙产品									

10. 某厂甲产品采用定额法计算成本。本月有关甲产品的原材料费用的资料如下：

（1）月初在产品定额费用为 1 400 元，月初在产品脱离定额的差异为节约 20 元，月初在产品定额费用调整为降低 20 元。定额变动差异全部由完工产品负担。

（2）本月定额费用为 5 600 元，本月脱离定额的差异为节约 400 元。

（3）本月材料成本差异率为节约 2%，材料成本差异全部由完工产品负担。

（4）本月完工产品的定额费用为 6 000 元。

要求：计算月末在产品原材料定额费用，分配原材料脱离定额差异，计算本月原材料应分配的材料成本差异，计算完工产品和月末在产品应负担的原材料实际费用。

第十章 成本报表的编制和分析

学习指导

本章主要分为成本报表概述、成本报表的编制及成本报表的分析三个部分。通过本章学习,读者将了解成本报表的特点、种类,掌握成本报表的编制方法,在此基础上掌握成本报表的分析方法。本章各节主要内容及知识要点如表10-1所示。

表10-1

章 节	主 要 内 容	知 识 要 点
第一节 成本报表概述	成本报表的特点	四个特点
	成本报表的种类	由企业自行确定
	成本报表的编制要求	数字准确、内容完整、编报及时
第二节 成本报表的编制	产品生产成本表	按成本项目反映的产品生产成本表;按产品种类反映的产品生产成本表
	主要产品单位成本表	结构和作用;编制
	制造费用明细表	结构和作用;编制
	销售费用、管理费用和财务费用明细表	各明细表的编制
第三节 成本报表的分析	分析步骤	分析的五个步骤
	分析方法	对比分析法;比率分析法;因素分析法;积分法
	产品生产成本表的分析	按成本项目反映;按产品种类反映
	主要产品单位成本表的分析	变动情况分析 分项目分析 单位产品成本厂际分析
	产品成本的技术经济分析	物资消耗变动的影响 产量变动的影响 质量变动的影响 劳动生产率变动的影响
	各种费用明细表的分析	对比分析法和构成比率分析法

练习题

一、名词解释
1. 成本报表
2. 相关指标比率分析
3. 比率分析法和比较分析法
4. 构成比率
5. 可比产品和不可比产品
6. 差额计算法和连环替代法
7. 全部产品成本报表
8. 主要产品单位成本报表
9. 可比产品成本降低额
10. 可比产品成本降低率
11. 技术经济指标
12. 成本报表分析

二、简答题
1. 简述比率分析法的内容及其具体形式。
2. 简述成本报表分析的一般程序。
3. 什么是比较分析法？实际工作中通常采用哪些形式？
4. 简述成本报表的作用。
5. 连环替代法下怎样确定各因素的替换顺序？
6. 利用产品成本报表可以分析哪些问题？
7. 如何分析各种费用明细表？分析时应注意什么问题？

三、单项选择题
1. 将不同时期同类指标的数值对比求出比率,进行动态比较,据以分析该项指标的增减变动和变动趋势的分析方法是(　　)。
   A. 动态比率分析　　　　　　　B. 相关指标比率分析
   C. 构成比率分析　　　　　　　D. 比较分析
2. 通过指标对比,从数量上确定差异的分析方法是(　　)。
   A. 比率分析法　　　　　　　　B. 连环替代法
   C. 比较分析法　　　　　　　　D. 差额计算法
3. 通过计算和对比经济指标的比率,进行数量分析的分析方法是(　　)。
   A. 比较分析法　　　　　　　　B. 差额计算法
   C. 连环替代法　　　　　　　　D. 比率分析法
4. 产品总成本与商品产值的比率是指(　　)。
   A. 总产值率　　B. 净产值率　　C. 产品价值率　　D. 产值成本率
5. 连环替代法是用来计算几个相互联系的因素,对综合经济指标变动(　　)的一种分析方法。
   A. 影响原因　　B. 影响数量　　C. 影响程度　　D. 影响金额
6. 分析成本报表,应首先进行(　　)。
   A. 全部产品成本计划完成情况的总评价
   B. 单位产品成本计划完成情况的总评价
   C. 全部产品实际成本完成情况的总评价
   D. 单位产品实际成本完成情况的总评价

7. 下列分析方法中只适用于同质指标数量对比的是（　　）。
   A. 比率分析法　　　　　　　B. 连环替代法
   C. 差额计算法　　　　　　　D. 比较分析法
8. 运用连环替代法时要正确确定各因素的（　　）。
   A. 重要程度　　B. 替换顺序　　C. 详细程度　　D. 价值大小
9. 比较分析法是指通过指标对比，从（　　）上确定差异的一种分析方法。
   A. 质量　　　　B. 价值量　　　C. 数量　　　　D. 劳动量
10. 可比产品是指（　　），有完整的成本资料可以进行比较的产品。
    A. 试制过　　　　　　　　　B. 国内正式生产过
    C. 企业曾经正式生产过　　　D. 企业曾经试制过
11. 某企业20×1年和20×2年有关材料费用、产品产量、材料单耗和材料单价的资料如表10-2所示。

表 10-2　某企业生产成本资料

指　　标	20×1年	20×2年
材料费用（元）	40 000	46 200
产品产量（件）	1 000	1 100
材料单耗（千克）	8	7
材料单价（元）	5	6

如果连环替代法分析时，产品产量变动对材料费用的影响是（　　）。
   A. +4 000元　　B. −5 500元　　C. +7 700元　　D. +6 200元
12. 承第11题，在采用连环替代法分析时，材料单耗变动对材料费用的影响是（　　）。
   A. +4 000元　　B. −5 500元　　C. +7 700元　　D. +6 200元
13. 承第11题，在采用连环替代法分析时，材料单价变动对材料费用的影响是（　　）。
   A. +4 000元　　B. −5 500元　　C. +7 700元　　D. +6 200元
14. 承第11题，在采用连环替代法分析时，各因素变动对材料费用的综合影响是（　　）。
   A. +4 000元　　B. −5 500元　　C. +7 700元　　D. +6 200元
15. 在一些新的行业、新建企业以及垄断企业进行成本分析时，所选择的评价标准应用较多的是（　　）。
   A. 历史标准　　B. 行业标准　　C. 预算标准　　D. 实际标准
16. 反映企业报告期内所生产的各种主要产品的单位成本的构成情况及其水平的成本报表是（　　）。
   A. 主要产品单位成本表　　　B. 商品产品成本表

C. 制造费用明细表　　　　　　　　D. 期间费用明细表

17. 产品单位成本分析的重点是(　　)。
A. 直接人工项目的分析　　　　　　B. 制造费用项目的分析
C. 直接材料成本项目的分析　　　　D. 管理费用项目的分析

18. 技术经济指标变动对产品成本的影响主要表现在对下列指标的影响(　　)。
A. 产品总成本　　　　　　　　　　B. 产品产量
C. 产品单位成本　　　　　　　　　D. 产品总成本和产品产量

19. 狭义的成本分析主要是指(　　)。
A. 事前成本分析　　　　　　　　　B. 事中成本分析
C. 事后成本分析　　　　　　　　　D. 全过程成本分析

20. 下列成本分析方法中属于连环替代法简化形式的是(　　)。
A. 线性规划法　　　　　　　　　　B. 差额计算法
C. 比率分析法　　　　　　　　　　D. 指标对比分析法

21. 企业成本报表(　　)。
A. 是对外报送的报表
B. 是对内编报的报表
C. 由有关部门规定哪些指标对外公布,哪些指标不对外公布
D. 可根据债权人和投资人的要求编制

22. 计算可比产品成本降低率的分母是可比产品按(　　)计算的本年累计总成本。
A. 上年实际平均单位成本　　　　　B. 上年计划平均单位成本
C. 本年实际平均单位成本　　　　　D. 本年计划平均单位成本

四、多项选择题

1. 影响产品材料费用总额变动的因素很多,按其相互关系可归纳为(　　)。
A. 单位产品材料消耗量　　　　　　B. 材料成本降低额
C. 产品产量　　　　　　　　　　　D. 材料单价

2. 采用比较分析法对比的基数由于分析的目的不同而有所不同。实际工作中通常采用(　　)。
A. 以成本的实际指标与成本计划或定额指标对比
B. 以两个性质不同但又相关的指标对比
C. 以不同时期指标的数值的对比
D. 以本期实际成本指标与前期的实际成本指标对比

3. 下列指标中,属于相关指标比率的是(　　)。
A. 产值成本率　　　　　　　　　　B. 成本利润率
C. 销售成本率　　　　　　　　　　D. 原材料费用比率

4. 成本报表分析的方法有(　　)。
A. 指数法　　　　　　　　　　　　B. 分组法
C. 比率分析法　　　　　　　　　　D. 比较分析法

5. 产品成本表的结构包括（　　）。
   A. 可比产品成本表　　　　　　　　B. 单位产品成本表
   C. 基本报表　　　　　　　　　　　D. 补充资料
6. 影响可比产品成本降低计划完成情况的因素有（　　）。
   A. 产品产量　　　　　　　　　　　B. 产品品种构成
   C. 产品单位成本　　　　　　　　　D. 产品成本项目
7. 影响单位产品原材料消耗数量变动的因素有（　　）。
   A. 产品或产品零部件结构的变化
   B. 材料质量的变化
   C. 生产中产生废料的数量和废料回收利用情况的变化
   D. 材料价格的变动
8. 影响可比产品成本降低额变动的因素有（　　）。
   A. 产品产量　　　　　　　　　　　B. 产品单位成本
   C. 上年实际单位成本　　　　　　　D. 产品品种构成
9. 影响可比产品成本降低率变动的因素有（　　）。
   A. 产品产量　　　　　　　　　　　B. 产品单位成本
   C. 产品品种构成　　　　　　　　　D. 成本降低额
10. 主要产品单位成本报表反映的单位成本，包括（　　）。
    A. 本月实际单位成本　　　　　　　B. 同行业同类产品实际单位成本
    C. 本年计划单位成本　　　　　　　D. 上年实际平均单位成本
11. 工业企业编制的费用报表主要有（　　）。
    A. 制造费用明细表　　　　　　　　B. 产品销售费用明细表
    C. 管理费用明细表　　　　　　　　D. 财务费用明细表
12. 影响产品单位成本中工资费用变动的因素主要是（　　）。
    A. 单位产品工时消耗　　　　　　　B. 产品工时定额
    C. 计时工资总额　　　　　　　　　D. 小时工资率
13. 正常现象指标中，属于产品生产成本报表提供的有（　　）。
    A. 按品种反映的上年实际平均单位成本
    B. 按品种反映的本年实际单位成本
    C. 按品种反映的本年累计实际总成本
    D. 按品种反映的本月和本年累计实际产量
14. 编制技术经济指标变动对产品成本影响分析表，应突出以下特点（　　）。
    A. 及时性　　　B. 全面性　　　C. 针对性　　　D. 灵活性
15. 在应用连环替代法时，应注意（　　）。
    A. 因素分解的相关性　　　　　　　B. 分析前提的假定性
    C. 因素替代的顺序性　　　　　　　D. 顺序替代的连环性
16. 为了保证成本信息的质量，充分发挥成本报表的作用，成本报表的编制应符合（　　）的要求。

A. 内容完整　　　B. 数字真实　　　C. 指标实用　　　D. 编报及时

17. 广义的成本分析包括（　　）。
A. 事中分析　　　　　　　　　B. 事后分析
C. 事前分析　　　　　　　　　D. 成本预测

18. 对生产经营过程中的突出问题进行的成本分析属于（　　）。
A. 全面分析　　　　　　　　　B. 专题分析
C. 定期分析　　　　　　　　　D. 不定期分析

19. 成本分析的评价标准有（　　）。
A. 历史标准　　　　　　　　　B. 行业标准
C. 预算标准　　　　　　　　　D. 国家标准

20. 从各项技术经济指标同产品单位成本的关系看，概括起来有以下几种情况（　　）。
A. 一些技术经济指标变动直接影响产品产量
B. 一些技术经济指标变动直接影响产品总成本
C. 一些技术经济指标变动既直接影响产品总成本，又直接影响产量
D. 一些技术经济指标变动直接影响产品单位成本

五、判断题

1. 分析成本报表，应从全部产品成本计划完成情况的总评价开始，然后按照影响成本计划完成情况的因素逐步深入、具体地分析。（　　）
2. 成本报表属于内部报表，不对外公开，但成本报表的种类、格式、项目、指标的设计和编制方法、编报日期、具体报送对象，由国家统一规定。（　　）
3. 成本报表分析是以成本报表所提供的资料为依据，运用科学的分析方法所进行的分析，它属于事中分析。（　　）
4. 成本报表提供的实际产品成本和费用支出资料是企业进行成本、利润的预测、决策，制定产品价格的重要依据。（　　）
5. 在分析成本指标实际脱离计划差异的过程中，要将影响成本指标变动的各种因素进行分类，衡量它们的影响程度。否则，会形成大量现象罗列。（　　）
6. 成本报表分析的过程，实际上单项指标分析和综合分析相结合的过程。（　　）
7. 比较分析法是指通过指标对比，从数量上确定差异的一种分析方法。其主要作用在于揭示差距形成的原因。（　　）
8. 采用连环替代法在分析相同问题时，要按照同一排列顺序进行替换，否则会得出不同的计算结果。（　　）
9. 相关指标比率分析是指将两个性质相同又相关的指标对比求出比率，然后再以实际数与计划（或前期实际）数进行对比分析。（　　）
10. 构成比率，是指某项经济指标的各个组成部分占总体的比重。（　　）
11. 连环替代法是用来计算几个相互联系的因素，对综合经济指标变动影响原因的一种分析方法。（　　）
12. 比较分析法仅适用于同质指标的数量对比，但也不要把可比绝对化。（　　）

13. 采用差额计算法时,先要确定各因素实际数与计划数之间的差异,然后按照各因素的排列顺序,依次求出各因素变动的影响程度。（　　）

14. 产值成本率、销售成本率属于相关指标比率,成本利润率则属于构成比率。
（　　）

15. 当本年度可比产品实际单位成本比计划单位成本降低或升高时,必然会引起成本降低额和降低率的变动。（　　）

16. 产量变动之所以影响产品单位成本,是由于在产品全部成本中包括一部分相对固定的费用。（　　）

17. 在分析各项费用计划执行情况时,应根据费用超支或节约做出评价。（　　）

18. 产量变动之所以影响产品单位成本,是由于在产品全部成本中包括一部分变动费用。（　　）

19. 分析各种费用计划的执行情况,查明各种费用实际脱离计划的原因,只能按整个公司（总厂）或分厂、车间、部门来进行。（　　）

20. 期中成本预报就是对后期成本能否完成计划的一种预测分析。（　　）

21. 在成本计划成本中,不可比产品除规定本年计划成本指标外,还规定本年度成本降低计划指标。（　　）

22. 商品产品成本报表的补充资料部分,只填入单位成本、本月总成本及产值成本率。（　　）

23. 主要产品单位成本表从成本总额角度揭示了主要产品的成本状况。（　　）

24. 全面分析意味着要对成本及其影响因素进行事无巨细的分析。（　　）

25. 不同的成本评价标准,会对同一分析对象得出不同观点的分析结论。（　　）

26. 趋势比较分析法既可用于评价企业的经营业绩,又可用于进行成本预测。（　　）

六、业务题

1. 某企业的材料费用总额、产品产量、单位产品材料消耗量和材料单价的计划指标与实际指标的资料如表10-3所示。

表10-3　某企业生产成本资料

指标	单位	计划数	实际数	差异
产品产量	件	500	502	+2
单位产品材料消耗量	千克	22	18	-4
材料单价	元	15	18	+3
材料费用总额	元	165 000	162 648	-2 352

要求：采用连环替代法、差额计算法分析各因素变动对材料费用总额变动的影响程度。

2. 某企业某年7月产品成本报表如表10-4所示,产值成本率计划为32元/百元,商品产值本月实际数按现行价格计算为65 894元。

表 10-4　产品成本报表

产品名称	计量单位	实际产量	单位成本(元)			总成本(元)		
			上年实际平均	本年计划	本月实际	按上年实际平均单位成本计算	按本年计划单位成本计算	本月实际
可比产品合计								
A产品	件	50	85	82	83			
B产品	件	20	757.5	750	738			
不可比产品合计								
C产品	件	×	×	125	128			
D产品	件	×	×	370	365	×		
全部产品	×	×	×	×	×	×		

要求:(1)计算和填入产品成本报表中总成本各栏数字;(2)分析全部产品成本计划的完成情况和产值成本率计划完成情况。

3.(1)可比产品成本降低率为9%;(2)产品成本报表有关可比产品部分资料如表10-5所示;(3)本期材料涨价影响可比产品成本实际比计划升高1 200元。

表 10-5　产品成本报表

可比产品	产量(件)		单位成本(元)			总成本(元)		
	计划	实际	上年实际平均	本年计划	本期实际	按上年实际平均成本计算	按本年计划计算	本期实际
甲	16	25	400	370	250			
乙	22	22	200	190	195			
合计								

要求:(1)计算并填入产品成本报表中总成本各栏数字;(2)检查可比产品成本降低率计划完成情况,分析期升降原因,并作出评价。

4. A产品单位成本表如表10-6所示。

表 10-6　主要产品单位成本表　　　　　　　　　　　产品名称:A

成 本 项 目	上年实际平均	本年计划	本期实际
直接材料	1 980	1 995	2 068
直接人工	250	260	240
制造费用	450	440	430
合计	2 680	2 695	2 738

(续表)

成 本 项 目	上年实际平均	本 年 计 划	本 期 实 际
主要技术经济指标	耗用量	耗用量	耗用量
原材料消耗量(千克)	990	950	940
原材料单价(元)	2.0	2.1	2.2

要求：(1)分析 A 产品单位成本变动情况；(2)分析影响 A 产品原材料费用变动的各因素和各因素变动的影响程度。

5. 甲产品工资费用分析表如表 10-7 所示。

表 10-7 甲产品工资费用分析表

工种名称	工时耗用量(小时)		小时工资率(元/小时)		工资费用		差 异	
	计划	实际	计划	实际	计划	实际	工时耗用量	金额
锻工	22	20	13.50	14				
钳工	32	30	8.75	9				
合计								

要求：(1)计算并填入甲产品工资费用表；(2)采用差额计算分析法分析工资费用变动的情况。

6. 某企业今年可比产品的计划成本降低率为 5%，实际成本降低率是 4%，计划成本降低额为 1 000 元，实际成本降低额也为 1 000 元。

要求：(1)计算该厂今年可比产品的计划总成本；(2)计算该厂今年可比产品的实际成本；(3)计算该厂今年可比产品成本降低额和降低率的计划执行结果。

7. 某企业有关成本资料如表 10-8 所示。

表 10-8 某企业有关成本资料

项 目	20×1 年	20×2 年
产品产量	1 000	1 200
单位变动成本	12	11
固定总成本	9 000	10 000
产品总成本	21 000	23 000

要求：根据以上资料，计算确定各因素变动对产品总成本的影响程度。

8. 假定 A 产品的直接材料费用定额为 80 万元，实际为 85.14 万元，有关资料如表 10-9 所示。

表 10-9 A 产品有关资料

项 目	产品数量	单 耗	单 价	材料费用
定额	1 000	20	40	800 000
实际	1 100	18	43	851 400
差异	+100	−2	+3	+51 400

要求：采用连环替代法计算产品产量，单位产品材料消耗量和材料单价三项因素对产品直接材料费用超支 51 400 元的影响程度。

9. 某工业企业某年 12 月份产品生产成本表（按产品品种反映）所列全部可比产品的本年累计实际总成本为 455 000 元，按上年实际平均单位成本计算的本年累计总成本为 500 000 元，按本年计划单位成本计算的本年累计总成本为 458 000 元。该企业某年的可比产品成本计划降低额为 34 000 元，计划降低率为 8.5%。

要求：(1) 计算该企业该年可比产品成本实际降低额和实际降低率；(2) 确定可比产品成本降低计划的执行情况；(3) 采用连环替代分析法，计算产品产量、产品品种比重和产品单位成本变动对可比产品成本降低计划执行结果的影响程度；(4) 编制各因素影响程度汇总表。

表 10-10 某企业各因素影响程度表

	对成本降低额的影响	对成本降低率的影响
产品产量变动		
产品品种比重变动		
产品单位成本变动		
合 计		

10. 星火公司是一家生产制造企业，公司产品的产量：本月 200 件，本年累计 1 750 件，相关信息如下：

(1) A、B 两种产品的成本明细账中，20×1 年 7 月份生产费用合计数如表 10-11 所示。

表 10-11 A、B 产品生产成本表

20×1 年 7 月

项 目	成本项目	A 产品	B 产品
本月生产费用	直接材料	162 960	138 860
	直接人工	13 566	10 374
	燃料及动力	64 172	50 968
	制造费用	55 894.61	39 695.39
合 计		296 592.61	239 897.39

(2) A、B两种产品的成本明细账中,20×1年7月初和7月末的在产品成本如表 10-12 所示。

表 10-12　A、B产品在产品成本表

20×1年7月

项　目	成本项目	A 产品	B 产品
本月生产费用	期初	47 150	99 520
	期末	94 300	43 614.56

(3) 截至 2019 年 7 月末,A、B 两种产品实际成本与计划成本对比表如表 10-13 所示。

表 10-13　A、B产品实际成本与计划成本对比表

项　目	上年实际数	本年计划数	本年累计实际数
生产费用			
直接材料	3 602 970	3 581 820	2 612 330
直接人工	280 312	276 290	206 480
燃料及动力	1 516 710	1 434 200	1 035 370
制造费用	1 123 400	1 167 110	934 100
生产费用合计	6 523 392	6 459 420	4 788 280
加：在产品、自制半成品期初余额	210 110	197 810	195 230
减：在产品、自制半成品期末余额	159 310	148 800	137 914.56
产品生产成本合计	6 574 192	6 508 430	4 845 595.44

(4) A 产品的账簿记录中,总成本的相关资料如表 10-14 所示。

表 10-14　A产品总成本比较表

项　目	本月生产费用合计	本年生产费用累计
直接材料	162 960	1 181 250
直接人工	13 566	103 250
燃料及动力	64 172	483 000
制造费用	55 894.61	420 350
主要材料用量(千克)	16 500	141 575

(5) A 产品的账簿记录中,单位成本的相关资料如表 10-15 所示。

表 10-15　A 产品单位成本比较表

项　　目	直接材料	直接人工	燃料及动力	制造费用	生产成本	主要材料用量(千克)
历史先进水平	670	61	272	237	1 240	81
上年实际平均水平	679	62	274	240	1 255	82
本年计划	676	60	275	239	1 250	81.5

另外,该公司本年7月份各基本生产车间制造费用明细账中的本年累计实际数为:职工薪酬42 100元,折旧费52 810元,机物料消耗314 100元,办公费15 300元,水电费17 600元,运输费151 200元,保险费21 500元,修理费301 800元,其他17 690元,总计934 100元。该公司上年7月份各基本生产车间制造费用明细账中的制造费用为:职工薪酬3 650元,折旧费4 500元,机物料消耗31 120元,办公费1 300元,水电费1 510元,运输费16 100元,保险费1 800元,修理费34 210元,其他600元,总计94 790元。

本年度该公司制造费用预算表中的本年计划数为:职工薪酬57 080元,折旧费68 910元,机物料消耗405 100元,办公费21 480元,水电费24 200元,运输费191 410元,保险费27 710元,修理费3 427 500元,其他28 470元,总计1 167 110元。

要求:

(1) 分别编制 A 产品 7 月份按产品种类和按成本项目反映的产品生产成本表;

(2) 编制 A 产品 7 月份主要产品单位成本表;

(3) 编制 A 产品 7 月份制造费用明细表。

综合测试题一

一、名词解释(每题 3 分,共 12 分)

1. 交互分配法
2. 制造费用
3. 约当产量
4. 成本报表

二、简答题(每题 5 分,共 10 分)

1. 产品成本计算的基本方法各包括哪些?各自的适用条件是什么?
2. 正确计算产品成本应该正确划清哪些方面的费用界限?

三、单项选择题(本大题共 10 小题,每小题 1 分,共 10 分。在每小题列出的四个备选项中只有一个是符合题目要求的,请将所选出答案前的字母填在题目的括号内,多选、不选、错选均不给分。)

1. "生产成本——辅助生产成本"总账一般(　　)设立明细账。
   A. 按成本项目　　　　　　　　　　B. 只能按车间
   C. 只能按产品品种　　　　　　　　D. 按车间以及产品和劳务

2. 采用平行结转分步法,(　　)。
   A. 不能全面反映各生产步骤的生产耗费水平
   B. 能全面反映各生产步骤的生产耗费水平
   C. 能全面反映第一个生产步骤产品的生产耗费水平
   D. 不能全面反映第一个生产步骤产品的生产耗费水平

3. 下列各项中,属于直接计入费用的有(　　)。
   A. 几种产品负担的制造费用
   B. 几种产品共同耗用的原材料费用
   C. 一种产品耗用的生产工人工资
   D. 几种产品共同负担的机器设备折旧费

4. 划分产品成本计算的基本方法的主要标志是(　　)。
   A. 产品成本计算对象　　　　　　　B. 成本计算日期
   C. 生产组织特点　　　　　　　　　D. 成本管理要求

5. 如果企业定额管理基础较好,能够制定比较准确、稳定的消耗定额,每月末在产品数量变化较大的产品,应采用(　　)。
   A. 定额比例法　　　　　　　　　　B. 在产品按定额成本计价法
   C. 在产品按所耗原材料费用计价法　D. 在产品按固定成本计价法

6. 若原材料随加工进度陆续投入,则原材料费用应按(　　)比例分配。
   A. 数量　　　B. 约当产量　　　C. 定额工时　　　D. 定额费用

7. 工业企业在一定时期内发生的、用货币表现的生产耗费,称为企业(　　)。
   A. 生产费用　　　　　　　　　　B. 生产成本
   C. 经营管理费用　　　　　　　　D. 生产经营管理费用
8. 需要进行成本还原的分步法是(　　)。
   A. 平行结转分步法　　　　　　　B. 分项结转分步法
   C. 综合结转分步法　　　　　　　D. 逐步结转分步法
9. 辅助生产费用直接分配法的适用条件是(　　)。
   A. 企业未实行电算化
   B. 企业的计划成本不够准确
   C. 辅助生产车间相互提供劳务不多
   D. 辅助生产车间相互受益程度有明显顺序
10. 企业成本报表的种类、项目、格式和编制方法(　　)。
    A. 由国家统一规定　　　　　　　B. 由企业自行确定
    C. 由企业主管部门统一规定　　　D. 由企业主管部门与企业共同制定

四、多项选择题(本大题共5小题,每小题2分,共10分。在每小题列出的五个备选项中有二至四个是符合题目要求的,请将所选项前的字母填在题目的括号内。多选、少选、不选、错选均不给分。)

1. 成本会计机构根据企业生产规模的大小和管理要求,可设置的形式为(　　)
   A. 集中工作形式　　　　　　　　B. 固定工作形式
   C. 变动工作形式　　　　　　　　D. 分散工作形式
2. 正确划分各种成本计算的费用界限,主要是指划分下列费用界限(　　)
   A. 各种产品之间的费用界限　　　B. 各期之间的费用界限
   C. 盈利产品与亏损产品之间的费用界限　　D. 完工产品与在产品之间的费用界限
3. 要素费用的归集和分配,对于间接计入费用的分配标准主要有(　　)
   A. 成果类　　　　　　　　　　　B. 消耗类
   C. 加工类　　　　　　　　　　　D. 定额类
4. 企业的在产品主要包括(　　)
   A. 正在车间加工的产品
   B. 等待返修的废品
   C. 尚未验收入库的产成品
   D. 某步骤已完工还需继续进行加工的半产品
5. 受生产特点和管理要求的影响,企业产品成本的计算对象包括(　　)
   A. 产品品种　　　　　　　　　　B. 产品类型
   C. 产品批别　　　　　　　　　　D. 产品生产步骤

五、判断下列各题正误并予以改正,正确者在括号内打T,错误者在括号内打F(本大题共5小题,每小题2分,共10分。)

1. 在实际工作中,确定成本的开支范围应以成本的经济实质为决定依据。(　　)
2. 分配制造费用不论选用哪一种方法,"制造费用"科目期末都没有余额。(　　)

3. 采用约当产量比例法,在产品投料程度的测定,对于费用分配的正确性有着决定性的影响。（　　）
4. 采用平行结转分步法,各生产步骤不计算半成品成本。（　　）
5. 一个企业或车间有可能同时应用几种成本计算方法。（　　）

六、业务题(共 48 分)

1. 某工业企业生产甲、乙两种产品,某月基本生产车间生产工人计件工资分别为甲产品 1 960 元,乙产品 1 640 元。甲、乙产品计时工资共计 8 400 元,生产工时分别为 7 200 小时、4 800 小时。另外,车间管理人员工资 1 000 元,辅助生产车间工资 400 元,厂部管理人员工资 1 000 元。

要求：(1) 计算甲、乙产品生产工人工资费用；(2) 编制工资费用分配的会计分录。

2. 企业生产 B 产品,月初在产品成本和本月生产费用如表 1 所示：

表 1

项　　目	直接材料	直接人工	制造费用
月初在产品	4 500	2 070	1 242
本月生产费用	37 590	12 930	8 758

B 产品本月完工 2 086 件,月末在产品有关资料如表 2 所示：

表 2

加工工序	月末在产品数量	单位产品工时定额	完工率	约当产量
第一道工序	200	24		
第二道工序	400	30		
第三道工序	120	6		
合　　计	720	60		

要求：(1) 根据上述资料,计算 B 产品各工序在产品完工率和约当产量,填入下表；(2) 按约当产量比例法计算 B 产品完工产品成本和月末在产品成本(原材料在开工时一次投入)。

3. 某企业在生产 B 产品过程中,发现不可修复废品 100 件,按所耗定额费用计算废品的生产成本,单件原材料费用定额为 400 元,已完工定额工时共计 800 小时,每小时的费用定额为：工资及福利费 5 元,制造费用 10 元。不可修复废品的残料作价 500 元以原材料入库。

要求：按废品所耗定额费用计算不可修复废品生产成本及净损失；并作出结转废品生产成本、收回残料及结转废品净损失的会计分录。

4. 申达公司有供电、锅炉两个辅助生产车间,20×1 年 7 月发生的辅助生产费用是：供电车间 27 300 元,锅炉车间 35 000 元,各车间和部门耗用的电力和蒸汽数量如表

3 所示：

表 3

受 益 单 位		用电度数	用汽吨数
辅助生产车间	供电车间		300
	锅炉车间	2 000	
基本生产车间		36 000	1 410
公司管理部门		6 100	990
专设销售机构		7 900	100
合 计		52 000	2 800

要求：(1) 采用交互分配法分配辅助生产费用；(2) 编制分配辅助生产费用的有关会计分录。

5. 某企业的甲产品分三道工序进行生产，所耗原材料在开始时一次投入。甲产品月初投产 100 件，本月完工 60 件，月末在产品 40 件，其中第一、第二、第三道工序分别为 20 件、10 件、10 件。本月各道工序发生的生产费用如表 4 所示：

表 4

工 序	原 材 料	工资及福利费	合 计
第一道工序	800	180	980
第二道工序		300	300
第三道工序		195	195
合 计	800	675	1 475

要求：按平行结转分步法计算完工产品成本和月末在产品成本。

综合测试题二

一、单项选择题(本大题共 10 小题,每小题 1 分,共 10 分。在每小题列出的四个备选项中只有一个是符合题目要求的,请将所选出答案前的字母填在题目的括号内,多选、不选、错选均不给分。)

1. 下列各项中,属于产品生产成本项目的是(　　)。
   A. 外购动力费用　　　　　　　　B. 制造费用
   C. 工资费用　　　　　　　　　　D. 折旧费用
2. 为了正确计算产品成本,可以不进行(　　)的划分。
   A. 各个月份的费用界限　　　　　B. 营业费用与管理费用的界限
   C. 各种产品的费用界限　　　　　D. 生产费用与期间费用的界限
3. 采用计划成本分配法分配辅助生产费用时,辅助生产车间实际发生的费用应该是(　　)
   A. 该车间待分配费用减去分配转出的费用
   B. 该车间待分配费用加上分配转入的费用
   C. 该车间待分配费用加上分配转出的费用减去分配转入的费用
   D. 该车间待分配费用加上分配转入的费用减去分配转出的费用
4. 不可修复废品应负担的原材料费用为 1 000 元,加工费用 500 元;收回残料价值 200 元,应由过失人赔款 300 元,则废品净损失应为(　　)。
   A. 1 000 元　　　　　　　　　　B. 1 300 元
   C. 1 200 元　　　　　　　　　　D. 1 500 元
5. 在某种产品各月末在产品数量较大,但各月之间变化很小的情况下,为了简化成本计算工作,其生产费用在该种产品的完工产品与在产品之间进行分配时,适宜采用的方法是(　　)。
   A. 不计算在产品成本法
   B. 在产品按固定成本计价法
   C. 在产品按完工产品计算法
   D. 在产品按定额成本计价法
6. 选择产品成本计算基本方法时应考虑的因素是(　　)。
   A. 产品消耗定额是否准确、稳定
   B. 产品种类是否繁多
   C. 能够简化加速成本计算工作
   D. 生产工艺和生产组织特点及成本管理要求

7. 某企业生产甲产品经过两道工序,各工序的工时定额分别为10小时和20小时,则第二道工序的完工率为(　　)。
   A. 50%　　　　　B. 66.67%　　　　　C. 100%　　　　　D. 16.67%
8. 某产品经过两道工序加工完成。第一道工序月末在产品数量为100件,完工程度为20%;第二道工序的月末在产品数量为200件,完工程度为70%。据此计算的月末在产品约当产量为(　　)。
   A. 20 件　　　　　　　　　　　　B. 135 件
   C. 140 件　　　　　　　　　　　D. 160 件
9. 成本还原分配率的计算公式是(　　)。
   A. 本月所产半成品成本合计/本月产品成本所耗该种半成品费用
   B. 本月产品成本所耗上一步骤半成品费用/本月所产该种半成品成本合计
   C. 本月产品成本合计/本月产成品所耗半成品费用
   D. 本月产品所耗半成品费用/本月产成品成本合计
10. 下列方法中不属于完工产品与月末在产品之间分配费用的方法是(　　)。
    A. 约当产量比例法　　　　　　B. 不计算在产品成本法
    C. 年度计划分配率分配法　　　D. 定额比例法

二、多项选择题(本大题共 5 小题,每小题 2 分,共 10 分。在每小题列出的五个备选项目中有二至五个是符合题目要求的,请将所选项目前的字母填在题目的括号内。多选、少选、不选、错选均不给分。)

1. 企业的下列支出,应列入成本、费用的项目有(　　)。
   A. 生产经营过程中实际消耗的原材料、辅助材料、燃料、动力、备品配件等
   B. 固定资产折旧费、租赁费、修理费和低值易耗品的摊销费
   C. 对外投资的支出
   D. 制造费用
2. 品种法的特点是(　　)。
   A. 只分产品品种计算产品成本　　　B. 不分批计算产品成本
   C. 不分步计算产品成本　　　　　　D. 不分类计算产品成本
3. 平行结转分步法的适用情况是(　　)。
   A. 半成品对外销售
   B. 半成品不对外销售
   C. 管理上不要求提供各步骤半成品成本资料
   D. 半成品种类较多,逐步结转半成品成本的工作量较大
4. 下列各项损失中,不属于废品损失的有(　　)。
   A. 产品入库以后发现的生产中的废品的损失
   B. 产品入库以后发现的由于保管不善发生的废品的损失
   C. 降价出售不合格品的降价损失
   D. 产品销售后发现的废品由于包退发生的损失
5. 采用约当产量比例法,必须正确计算在产品的约当产量,而在产品约当产量计

算正确与否取决于产品完工程度的测定,测定在产品完工程度的方法有( )。

A. 按50%平均计算各工序完工率
B. 分工序分别计算完工率
C. 按定额比例法计算
D. 按定额工时计算

三、判断下列各题正误,正确者在括号内打 T,错误者在括号内打 F(本大题共 10 小题,每小题 1 分,共 10 分。)

1. 费用界限的划分过程实际上就是产品成本的计算过程。 （ ）
2. 产品成本构成要素不同于要素费用。 （ ）
3. 辅助生产费用的交互分配法,只需进行一次分配。 （ ）
4. 凡是修复后可以正常使用的废品就是可修复废品。 （ ）
5. 品种法不需要在各种产品之间分配费用,也不需要在完工产品和月末在产品之间分配费用,所以也称简单法。 （ ）
6. 采用简化的分批法,在间接费用水平相差悬殊的情况下,会影响产品成本计算的正确性。 （ ）
7. 分批法一般不需要在完工产品和在产品之间分配生产费用,但一批产品跨月陆续完工时,则需要在完工产品和在产品之间分配生产费用。 （ ）
8. 采用逐步结转分步法计算成本时,每一个步骤的成本计算都是运用了一个品种法,实际上是品种法的多次连续应用。 （ ）
9. 采用平行结转分步法计算产品成本时,半成品成本要随着实物的转移而结转到下一加工步骤。 （ ）
10. 成本计算对象是区别产品成本计算方法的主要标志。 （ ）

四、名词解释(本大题共 2 小题,每小题 3 分,共 6 分。)

1. 直接分配法
2. 可修复废品

五、简答题(本大题共 2 小题,每小题 7 分,共 14 分。)

1. 正确计算产品成本应该正确划清哪些方面的费用界限?
2. 综合逐步结转法有何特点?有何优缺点?

六、业务题(本大题共 50 分)

1. 某企业设置修理和运输两个辅助生产车间、部门,修理车间本月发生的费用 19 000 元,提供修理劳务 20 000 小时,其中:为运输部门修理 1 000 小时,为基本生产车间修理 16 000 小时,为行政管理部门修理 3 000 小时。运输部门本月发生的费用 20 000 元,提供运输劳务 40 000 公里,其中:为修理车间提供的运输劳务 1 500 公里,为基本生产车间提供运输劳务 30 000 公里,为行政管理部门提供运输劳务 8 500 公里。

要求:根据以上资料,采用交互分配法计算分配修理、运输费用。(辅助车间,不设"制造费用"科目)

2. 某工业企业各种费用分配表中列示甲种产品可修复废品的修复费用为:原材料 2 130 元,应付生产工人工资 850 元,提取的生产工人职工福利费 119 元,制造费用 1 360 元。不可修复废品成本按定额成本计价。不可修复废品损失计算表中列示甲种产品不可修复废品的定额成本资料为:不可修复废品5件,每件原材料费用定额100元;每件定额工时为30小时。每小时工资及福利费3元,每小时制造费用4元。可修复废品和不可修复废品的残料价值按计划成本计价共160元,并作为辅助材料入库;应由过失人赔款120元。废品净损失由当月同种产品成本负担。

要求:(1)计算甲种产品不可修复废品的生产成本;(2)计算甲种产品可修复废品和不可修复废品总计净损失;(3)编制有关的会计分录;(4)登记"废品损失"会计科目。

3. 海东企业所属的一个分厂,属于小批生产,产品批别多,生产周期长,每月末经常有大量未完工的产品批数。为了简化核算工作,采用简化的分批法计算成本。该厂计算20××年4月的成本有关资料如下:

(1)月初在产品成本

1)直接费用(直接材料):101批号3 750元,102批号2 200元,103批号1 600元。

2)间接费用:直接人工1 725元,制造费用2 350元。

(2)月初在产品累计耗用工时:101批号1 800工时,102批号590工时,103批号960工时。月初累计耗用3 350工时。

(3)本月的产品批别、发生的工时和直接材料如表1所示。

表1 产品的批别、工时和直接材料费用

产品名称	批号	批量	投产日期	完工日期	本月发生	
					工时	直接材料
甲	101批号	10件	2月	4月	450	250
乙	102批号	5件	3月	4月	810	300
丙	103批号	4件	3月	预计6月	1 640	300

(4)本月发生的各项费用:直接工资1 400元,制造费用2 025元。

要求:根据上述有关资料计算4月份已完工的101批号的甲产品、102批号的乙产品成本,未完工的103批号的丙产品暂不分配负担间接费用如表2、3、4、5所示。

表2 基本生产成本二级账

20××年		摘要	直接材料	工时	直接人工	制造费用	合计
月	日						
3	31	本月余额					
4	30	本月发生					
	30	本月合计					
	30	累计间接计入费用分配率					
	30	分配转出					
	30	本月余额					

表3　基本生产成本明细账

批号：101批号　　投产日期：2月　　产品名称：甲产品　　批量：10件　　完工日期：4月

20××年		摘　要	直接材料	工　时	直接人工	制造费用	合　计
月	日						
3	31	本月合计					
4	30	本月发生					
	30	间接计入费用分配率					
	30	间接计入费用分配额					
	30	本月完工产品成本					
	30	单位成本					

表4　基本生产成本明细账

批号：102批号　　投产日期：3月　　产品名称：乙产品　　批量：5件　　完工日期：4月

20××年		摘　要	直接材料	工　时	直接人工	制造费用	合　计
月	日						
3	31	本月合计					
4	30	本月发生					
	30	间接计入费用分配率					
	30	间接计入费用分配额					
	30	本月完工产品成本					
	30	单位成本					

表5　基本生产成本明细账

批号：103批号　　投产日期：3月　　产品名称：丙产品　　批量：4件　　完工日期：6月

20××年		摘　要	直接材料	工　时	直接人工	制造费用	合　计
月	日						
3	31	本月合计					
4	30	本月发生					
	30	本月合计					

4. 假设海东企业生产的C产成品，需要经过三个步骤加工完成，其中：第一步骤生产A半成品，第二步骤生产B半成品，将A半成品和B半成品交第三步骤装配成C

产成品。第一步骤材料在生产开始时一次投入,第二步骤材料随加工程度的深化逐步投入。每件产成品由1件A半成品和1件B半成品装配而成。各步骤月末在产品的完工程度均为50%,各步骤生产费用采用约当产量比例法在产成品和广义在产品之间分配。10月份有关成本资料如下:

(1)产量记录资料如表6所示:

表6 产量记录

项目	第一步骤	第二步骤	第三步骤
月初在产品	2 000	3 000	4 000
本月投入	12 000	14 000	10 000
本月完工转出	10 000	10 000	9 000
月末在产品	4 000	7 000	5 000

(2)月初在产品成本及本月生产费用资料如表7所示:

表7 月初在产品成本及本月生产费用

项目	直接材料	直接人工	制造费用	合计
月初在产品成本				
第一步骤	52 800	13 900	17 250	83 950
第二步骤	25 500	22 300	27 020	74 820
第三步骤		19 500	22 400	41 900
本月生产费用				
第一步骤	317 200	125 850	129 000	572 050
第二步骤	243 000	110 160	119 760	472 920
第三步骤		48 700	52 400	101 100

要求:计算各步骤应计入产成品成本份额和月末在产品成本,并编制产品成本汇总计算表。

(1)填制各步骤约当产量的计算(表8):

表8 各步骤约当产量的计算

摘要	直接材料	直接人工	制造费用
一车间步骤的约当总量			
二车间步骤的约当总量			
三车间步骤的约当总量			

(2) 填制各步骤的成本计算单(表9、10、11):

表9

生产车间:一车间　　　　　　　　　　　成本计算单

摘　　要	直接材料	直接人工	制造费用	合　计
月初在产品成本				
本月发生费用				
合计				
该步骤约当产量				
单位成本(分配率)				
计入产品成本的份额				
月末在产品成本				

表10

生产车间:二车间　　　　　　　　　　　成本计算单

摘　　要	直接材料	直接人工	制造费用	合　计
月初在产品成本				
本月发生费用				
合计				
该步骤约当产量				
单位成本(分配率)				
计入产品成本的份额				
月末在产品成本				

表11

生产车间:三车间　　　　　　　　　　　成本计算单

摘　　要	直接材料	直接人工	制造费用	合　计
月初在产品成本				
本月发生费用				
合计				
该步骤约当产量				
单位成本(分配率)				
计入产品成本的份额				
月末在产品成本				

(3) 填制成本汇总表(表12):

表 12

产品名称:C产品　　　　　　　　产品成本汇总计算表　　　　　　　　产量:9 000 件

项　　目	直接材料	直接人工	制造费用	总成本	单位成本
一车间					
二车间					
三车间					
合　计					

参考答案

第一章 总 论

一、名词解释(略)

二、简答题(略)

三、单项选择题

1. D 2. A 3. D 4. C 5. D 6. C 7. A 8. C 9. B 10. B
11. B 12. C 13. B 14. A 15. B 16. A 17. C 18. B 19. B 20. C

四、多项选择题

1. ABD   2. AD   3. ABCD   4. ABD   5. ABCD
6. ABD   7. ABC   8. ABCD   9. ABCD   10. ACD
11. ABD   12. ABCD   13. AB   14. ABCD 15. AB
16. ABD

五、判断题

1. × 2. √ 3. × 4. × 5. × 6. √ 7. × 8. √ 9. √ 10. √
11. × 12. √ 13. × 14. × 15. √ 16. × 17. √ 18. × 19. × 20. √

六、业务题(略)

第二章　产品成本核算原理

一、名词解释(略)

二、简答题(略)

三、单项选择题

1. D 2. B 3. D 4. C 5. C 6. C 7. A 8. D 9. A 10. B
11. A 12. B 13. D 14. B 15. B 16. C 17. A 18. C 19. C 20. A

四、多项选择题

1. ACD   2. ABCD   3. BCD   4. ABC   5. AC
6. ABCD   7. BCD   8. BC   9. AD   10. ABC
11. ABD   12. ABC   13. BD   14. BCD 15. CD
16. ABC   17. ABD   18. ABC 19. AC   20. AD

五、判断题

1. × 2. √ 3. √ 4. √ 5. √ 6. × 7. × 8. √ 9. × 10. ×
11. × 12. × 13. × 14. √ 15. × 16. √ 17. × 18. × 19. × 20. ×

六、业务题

1. 费用按照不同的标准进行分类,费用按其经济内容分类,可以分为劳动资料方面的费用、劳动对象方面的费用和劳动力方面的费用三大类,一般有外购材料、外购燃料、外购动力、职工薪酬、折旧费、利息费用等费用要素;费用按其经济作用分类,可分为直接材料、燃料和动力、直接人工、制造费用、废品损失等成本项目。另外,生产经营管理费用还应分为计入产品成本的生产费用和不计入产品成本的经营管理费用。

2. 计入成本项目的费用:生产奶油面包领用奶油10 000元,生产牛油面包领用牛油12 000元,工人的工资10 000元,它们属于直接计入费用;生产两种产品共同领用面粉20 000元;车间管理人员工资8 000元,车间消耗的水电费3 200元,车间设备折旧8 000元,属于间接计入费用。不计入成本项目的费用:厂部设备折旧5 000元,厂部消耗的水电费1 200元;利息等其他费用5 000元。

第三章 费用在各产品之间进行归集和分配

一、名词解释(略)
二、简答题(略)
三、单项选择题

1. B 2. C 3. C 4. D 5. A 6. D 7. A 8. B 9. B 10. C
11. D 12. B 13. C 14. B 15. B 16. C 17. D 18. A 19. A 20. A
21. B 22. C 23. A 24. D 25. D 26. D 27. A 28. A 29. D

四、多项选择题

1. AB 2. BCD 3. ABC 4. ABD 5. ABC
6. BD 7. AC 8. BC 9. ACD 10. AD
11. AC 12. ABCD 13. BC 14. BCD 15. ABCD
16. ACD 17. ACD 18. BC 19. AB 20. BC
21. ABC 22. BCD 23. ABCD 24. ABD 25. AB
26. ACD 27. BCD 28. AC 29. BD

五、判断题

1. √ 2. × 3. × 4. √ 5. × 6. × 7. √ 8. × 9. √ 10. ×
11. √ 12. × 13. √ 14. √ 15. √ 16. √ 17. √ 18. √ 19. × 20. √
21. √ 22. √ 23. √ 24. √ 25. √ 26. √ 27. √ 28. √ 29. √ 30. √
31. √ 32. √ 33. × 34. × 35. √ 36. √ 37. √ 38. √ 39. √ 40. √

六、业务题

1. 分配率=24 000/(500×8+600×5+1 000×3)=2.4;
A产品应负担的原材料费用为9 600元;B产品应负担的原材料费用为7 200元;
C产品应负担的原材料费用为7 200元。

2. 甲产品应负担的原材料费用为19 200元;乙产品应负担的原材料费用为28 800元。

3. 甲、乙、丙三种产品应分配的原材料费用分别为24 480元、18 360元和55 080元。

4. 甲产品耗用的电费为3 600元;乙产品耗用的电费为2 400元。

5. A产品的工资费用为7 000元;B产品的工资费用为5 000元。

6. 直接分配法下:电费为17 600元;修理费为3 720元;

交互分配法下:电费为18 220元;修理费为5 832元;

计划成本分配法下:电费为16 500元;修理费为7 916元;

代数分配法下:电费为18 591.85元;修理费为5 951.03元。会计分录(略)

7. 供电车间分配率为5 000/20 000=0.25;供水车间分配率为3 000/10 000=0.3。

8. 制造费用分配率为13 200/22 000=0.6(元/小时);

甲产品应负担的制造费用为4 500元;乙产品应负担的制造费用为5 100元;

丙产品应负担的制造费用为3 600元。

9. 废品的生产成本及净损失分别为2 058元和1 758元。

10. 废品的生产成本及净损失分别为2 140元和1 612元。

11. 年度计划分配率为1.2元/小时;

A产品应负担的制造费用为10 800元;B产品应负担的制造费用为5 880元;

A产品应负担的制造费用为4 350元。

12. 年度计划分配率=55 296/9 216=6;

本月甲产品应分配的制造费用=563.2×6=3 379.2;

本月乙产品应分配的制造费用=320×6=1 920;

本月应分配转出的制造费用=3 379.2+1 920=5 299.2 或 883.2×6=5 299.2。

13. 辅助生产费用分配表(直接分配法)

分 配 方 向			对 外 分 配		
辅助车间名称			机修车间	供电车间	合 计
待分配费用(元)			18 000	90 000	108 000
劳务供应数量			4 500	90 000	
单位成本(分配率)			4	1	
基本车间	A产品	耗用数量		30 000	
		分配金额		30 000	30 000
	B产品	耗用数量		24 000	
		分配金额		24 000	24 000
	C产品	耗用数量		18 000	
		分配金额		18 000	18 000
	一车间	耗用数量	2 800	9 000	
		分配金额	11 200	9 000	20 200
	二车间	耗用数量	1 500	6 000	
		分配金额	6 000	6 000	12 000

(续表)

分配方向				对外分配
企业管理部门	耗用数量	200	3 000	
	分配金额	800	3 000	3 800
分配金额合计		18 000	90 000	108 000

14. 解：分配率=7 600/(5 000+2 000+600)=1(元/度)；
基本车间甲乙费用=4 500×1=4 500(元)；
基本车间甲乙费用=4 500/(3 000+2 000)=0.9(元/小时)。

15. (1) 按定额消耗量比例分配材料费用

产品名称	投产数量	单件产品材料消耗定额		实际消耗材料数量(甲乙共同消耗)	
		A材料	B材料	A材料	B材料
甲	200 件	5 千克	10 千克	1 000 千克	3 000 千克
乙	100 件	4 千克	2 千克	400 千克	300 千克
合计				1 400 千克	3 300 千克

甲、乙两种产品共同耗用 A 原材料定额消耗量分配率=1 400/(200×5+100×4)=1；
甲、乙两种产品共同耗用 B 原材料定额消耗量分配率=3 300/(200×10+100×2)=1.5；
甲、乙两种产品共同耗用 A、B 原材料负担的差异：
借：基本生产成本——甲产品　　　　　　　　600(30 000×−2％)(红字)
　　　　　　　　——乙产品　　　　　　　　96(4 800×−2％)(红字)
　贷：材料成本差异　　　　　　　　　　　　　696(红字)

16. 解：(1) 甲乙产品的计件单价：
甲产品计件单价=5.20×24/60=2.08(元/件)；
乙产品计件单价=5.20×18/60=1.56(元/件)。
(2) 按产品产量和计件单价计算其计件工资：
该工人月计件工资=2.08×250+1.56×200=832 元。
(3) 按完成产品的定额工时和小时工资率计算其计件工资：
完成的甲产品定额工时=24/60×250=100 小时；
完成的乙产品定额工时=18/60×200=60 小时；
该工人月计件工资=5.20×(100+60)=832 元。

17. (1) 借：辅助生产成本　　　　　　　　　　　　　　　　　　4 430
　　　　　贷：制造费用——辅助生产车间　　　　　　　　　　　　4 430
(2) 辅助生产成本合计=3 954+4 430=8 384。
(3) 基本生产车间应分配的制造费用=8 032+5 244=13 276；
分配率=13 276/(1 670+1 685)=13 276/3 355=3.96。

18. 解：
制造费用年度计划分配率＝163 200／(96 000＋108 000)＝0.8；
1月份按年度计划分配率转出制造费用＝5 760＋7 200＝12 960元；
1月末"制造费用"账户余额＝13 000－12 960＝40(借方)。
19. 解：
材料分配率＝62 400÷(220×120＋256×100)＝1.2；
甲产品应承担的材料费用＝1.2×220×120＝31 680元；
乙产品应承担的材料费用＝1.2×256×100＝30 720元。
20. 解：
工资分配率＝42 000÷(722＋4 800)＝3.5；
甲产品应承担的工资费用＝3.5×7 200＝25 200元；
乙产品应承担的工资费用＝3.5×4 800＝16 800元。
21. 解：
(1) 直接分配法：
机修费用分配率＝4 000÷(2 000－600)＝2.86；
运输费用分配率＝1 000÷(20 000－3 000)＝0.59；
供气费用分配率＝3 600÷(4 000－6 000)＝0.11。
(2) 交互分配法：
对内分配：
机修费用分配率＝4 000÷2 000＝2；
运输车间应承担的机修费用＝400×2＝800元；
供气车间应承担的机修费用＝200×2＝400元；
基本生产车间应承担的机修费用＝1 400×2＝2 800元；
运输费用分配率＝1 000÷20 000＝0.5；
机修车间应承担的运输费用＝1 000×0.5＝500元；
供气车间应承担的运输费用＝2 000×0.5＝1 000元；
基本生产车间应承担的运输费用＝17 000×0.5＝8 500元；
供气费用分配率＝3 600÷4 000＝0.09；
机修车间应承担的供气费用＝6 000×0.09＝540元；
基本生产车间应承担的供气费用＝3 400×0.09＝3 060元。
对外分配：
机修费用分配率＝(4 000＋500＋540－400)÷(2 000－600)＝2.74；
运输费用分配率＝(1 000＋800－500－1 000)÷(20 000－3 000)＝0.55；
供气费用分配率＝(3 600＋400＋1 000－540)÷(4 000－6 000)＝0.13。
(3) 计划分配法：
按计划成本分配转出的机修费用＝2 000×2.2＝4 400元；
运输车间应该承担的机修费用＝200×2.2＝440元；
供气车间应该承担的机修费用＝400×2.2＝880元；

基本生产车间应该承担的机修费用=1 400×2.2=3 080元；
按计划成本分配转出的运输费用=20 000×0.6=12 000元；
机修车间应该承担的运输费用=1 000×0.6=600元；
供气车间应该承担的运输费用=2 000×0.6=1 200元；
基本生产车间应该承担的运输费用=1 700×0.6=10 200元；
按计划成本分配转出的供气费用=40 000×0.1=4 000元；
机修车间应该承担的供气费用=6 000×0.1=600元；
基本生产车间应该承担的供气费用=34 000×0.1=3 400元；
按实际成本分配的机修费用=4 000+600+600=5 200元；
按实际成本分配的运输费用=10 000+880=10 880元；
按实际成本分配的供气费用=3 600+440+1 200=5 240元。
差异额：
机修费用的差异=5 200-4 400=800元；
运输费用的差异=10 880-12 000=-1 120元；
供气费用的差异=5 240-4 000=1 240元。
(4) 顺序分配法：
判断辅助生产生产车间受益多少，受益少的先分配。
机修费用分配率=4 000÷2 000=2；
运输车间应承担的机修费用=400×2=800元；
供气车间应承担的机修费用=200×2=400元；
运输费用分配率=1 000÷20 000=0.5；
机修车间应承担的运输费用=1 000×0.5=500元；
供气车间应承担的运输费用=2 000×0.5=1 000元；
供气费用分配率=3 600÷40 000=0.09；
机修车间应承担的供气费用=6 000×0.09=540元；
交互分配结果测定：运输车间受益少；机修车间受益中等；供气车间受益多。
运输车间应承担的机修费用=400×2=800元；(少 800)
机修车间应承担的运输费用=1 000×0.5=500元；
机修车间应承担的供气费用=6 000×0.09=540元；(中 1 040)
供气车间应承担的机修费用=200×2=400元；
供气车间应承担的运输费用=2 000×0.5=1 000元；(多 1 400)
运输车间受益少首先分配；中间是机修车间；最后是供气车间。
运输费用分配率=1 000÷20 000=0.5；
机修费用分配率=(4 000+500+540-800-400)÷(2 000-400-200)=2.742 86；
供气费用分配率=(3 600+400+1 000)÷(40 000-600)=0.126 9。
22. 解：
(1) 制造费用分配率=24 000÷(7 200+4 800)=2；
甲产品应承担的制造费用=7 200×2=14 400元；

乙产品应承担的制造费用＝4 800×2＝9 600元。

（2）工资费用的分配率＝8 400÷（7 200＋4 800）＝0.7；

甲产品应承担的工资费用＝7 200×0.7＝5 040元；

乙产品应承担的工资费用＝4 800×0.7＝3 360元；

制造费用分配率＝24 000÷（1 960＋5 040＋1 640＋3 360）＝2；

甲产品应承担的制造费用＝（1 960＋5 040）×2＝14 000元；

乙产品应承担的制造费用＝（1 640＋3 360）×2＝1 000元。

（3）制造费用分配率＝24 000÷（7 000＋3 000）＝2.4；

甲产品应承担的制造费用＝7 000×2.4＝16 800元；

乙产品应承担的制造费用＝3 000×2.4＝7 200元。

23. 解：

制造费用年度计划分配率＝55 000÷（2 600×5＋2 250×4）＝2.5；

A产品应承担的制造费用＝240×5×2.5＝3 000元；

B产品应承担的制造费用＝150×4×2.5＝1 500元。

会计分录：

借：生产成本——A产品　　　　　　　　　　　　　　3 000
　　　　　　——B产品　　　　　　　　　　　　　　1 500
　　贷：制造费用　　　　　　　　　　　　　　　　　　　　4 500

24. 解：

废品损失计算表

项　　目	直接材料	生产工时（小时）	直接人工	制造费用	合　计
费用定额	24 000	4 000	1 200	2 400	27 600
废品定额成本(10件)	600	100	30	60	690
减：残值	52				
废品损失	548	100	30	60	638

计算过程：

材料分配率＝24 000÷（390＋10）＝60；

工资分配率＝1 200÷（3 900＋100）＝0.3；

制造费用分配率＝2 400÷（3 900＋100）＝0.6。

会计分录：

借：废品损失——甲产品　　　　　　　　　　　　　　690
　　贷：生产成本——基本生产成本——甲产品（材料）　　　　600
　　　　　　　　　　　　　　　　　　　　　（工资）　　　　30
　　　　　　　　　　　　　　　　　　　　（制造费用）　　　60

借：原材料　　　　　　　　　　　　　　　　　　　　52
　　贷：废品损失　　　　　　　　　　　　　　　　　　　　52

借：生产成本——基本生产成本——甲产品　　　　　　　　　　　　638
　　贷：废品损失　　　　　　　　　　　　　　　　　　　　　　　　638

第四章　生产费用在完工产品与在产品之间的分配

一、名词解释(略)
二、简答题(略)
三、单项选择题
　1. D　2. B　3. A　4. D　5. B　6. B　7. A　8. C　9. C　10. D
　11. C　12. D　13. C　14. C　15. A　16. A　17. B　18. B　19. B　20. C
四、多项选择题
　1. ABD　　2. CD　　　3. ABCD　　4. ABC　　5. BC
　6. ABD　　7. ABC　　8. AB　　　9. BCD　　10. ABD
　11. CD　　12. BC　　13. ABCD　　14. BD　　15. AD
五、判断题
　1. √　2. ×　3. ×　4. √　5. √　6. ×　7. √　8. ×　9. ×　10. ×
　11. ×　12. √　13. ×　14. √　15. √　16. ×　17. √　18. ×　19. √　20. √
六、业务题

1. 完工甲产品总成本为 51 000 元。

2. 完工乙产品总成本为 130 000 元。

3. 完工 A 产品总成本为 148 640 元；月末在产品成本为 16 160 元。

4. 完工甲产品总成本为 71 400 元。

月末在产品成本为 9 100 元。

5. 完工程度：第一道工序为 10%；第二道工序为 40%；第三道工序为 80%。

6. 原材料在各工序生产开始时一次投入：完工率为 60% 和 100%；约当产量为 60 件和 120 件；原材料在各工序陆续投入：完工率为 30% 和 80%；约当产量为 30 件和 96 件。

7. (1) 完工产品原材料费用为 25 920 元；(2) 完工产品原材料费用为 32 521.96 元。

8. 完工产品应负担的原材料费用为 34 000 元；

月末在产品应负担的原材料费用为 48 875 元。

9. 完工产品费用为 78 650 元；在产品费用为 25 850 元。

10. 在产品应负担的制造费用为 8 400 元；完工产品应负担的制造费用为 9 440 元。

11. 完工产品成本为 1 009 540 元；月末在产品成本为 41 000 元。

12. 月末乙在产品成本为 7 540 元；完工产品成本为 30 022 元。

13. 完工产品成本为 39 000 元；月末在产品成本为 5 375 元。

14. 完工产品成本为 116 800 元；月末在产品成本为 27 200 元。

15. 制造费用分配率=16 500/33 000=0.5；

甲产品应分配=0.5×10 000=5 000 元；

乙产品应分配＝0.5×15 000＝7 500 元；

丙产品应分配＝0.5×8 000＝4 000 元。

16. 解：

(1) 第一工序在产品累计工时定额＝40×0.5＝20；

第二工序在产品累计工时定额＝40＋60×0.5＝70；

第一工序定额工时＝1 800×20＝36 000；

第二工序定额工时＝200×70＝14 000。

(2) 分配率＝12 500/(200 000＋36 000＋14 000)＝0.05；

完工产品的工资及福利费＝200 000×0.05＝10 000(元)；

在产品的工资及福利费＝50 000×0.05＝2 500(元)。

17. 解：

甲产品成本明细账

日 期	摘 要	直接材料	燃料及动力	直接人工	制造费用	合 计
12.31		45 000	2 200	2 800	1 000	51 000
12.31	完工产品成本	45 000	2 200	2 800	1 000	51 000

18. 解：

(1) 原材料在各工序开始时一次投入的各工序投料程度、完工率和约当量：

1) 第一道工序投料程度＝300÷500×100％＝60％；

月末在产品的约当量＝60％×100＝60 件；

第二道工序投料程度＝(300＋200)÷500×100％＝100％；

月末在产品的约当量＝100％×120＝120 件。

2) 第一道工序完工率＝(300×50％)÷500×100％＝30％；

月末在产品的约当量＝30％×100＝30 件；

第二道工序完工率＝(300＋200×50％)÷500×100％＝80％；

月末在产品的约当量＝80％×120＝96 件。

(2) 原材料在各工序陆续投入时各工序投料程度、完工率和约当量，在产品在本工序的原材料消耗定额按 50％计算。

投料程度和完工率基本一致。

第一道工序完工率(投料程度)＝(300×50％)÷500×100％＝30％；

月末在产品的约当量＝30％×100＝30 件；

第二道工序完工率(投料程度)＝(300＋200×50％)÷500×100％＝80％；

月末在产品的约当量＝80％×120＝96 件。

19. 解：

(1) 采用在产品定额成本计价法分配完工产品和在产品成本：

生产费用合计：

直接材料=28 000+164 000=192 000(元);
直接人工=12 000+60 000=72 000(元);
制造费用=4 000+20 000=24 000(元);
月末在产品材料定额成本=2 000×5×4=40 000(元);
月末在产品人工定额成本=2 000×2.5×3.2×80%=12 800(元);
月末在产品制造费用定额成本=2 000×2.5×1.1×80%=4 400(元);
月末在产品定额成本合计=40 000+12 800+4 400=57 200(元);
月末完工产品定额成本=192 000+72 000+24 000−57 200=230 800(元)。

(2) 采用定额比例法分配完工产品和在产品成本：
月末完工产品材料定额成本=8 000×5×4=160 000(元);
月末完工产品人工定额成本=8 000×2.5×3.2=64 000(元);
月末完工产品制造费用定额成本=8 000×2.5×1.1=22 000(元);
月末完工产品定额成本合计=160 000+64 000+22 000=246 000(元);
直接材料费用分配率=192 000÷(160 000+40 000)=0.96;
完工产品材料费用=0.96×160 000=153 600(元);
在产品材料费用=0.96×40 000=38 400(元);
直接人工费用分配率=72 000÷(64 000+12 800)=0.937 5;
或：72 000÷(20 000+4 000)=3;
完工产品人工费用=0.937 5×64 000=60 000(元);
在产品人工费用=0.937 5×12 800=12 000(元);
制造费用分配率=24 000÷(22 000+4 400)=0.909 1;
或：24 000÷(8 800+1 760)=2.27;
或：24 000÷(20 000+4 000)=1;
或：24 000÷(20 000+4 000)=3;
完工产品制造费用=0.909 1×22 000=20 000(元);
在产品制造费用=0.909 1×4 400=6 400(元);
完工产品成本=153 600+60 000+20 000=233 600(元);
在产品成本=38 400+12 000+6 400=56 800(元)。

(3) 分析两者计算结果为何不同。

定额成本比例法下，虽然以消耗定额为分配标准，但月末在产品成本仍然是因分配实际生产费用而产生的;而采用在产品定额成本计价法，月末在产品成本不考虑实际费用的多少，只是根据定额资料计算出在产品定额成本。

第五章　产品成本计算方法概述

一、名词解释(略)

二、简答题(略)

三、单项选择题

　　1. D　2. A　3. A　4. B　5. A　6. D　7. A　8. B　9. C　10. D

11. D 12. C 13. A 14. B 15. A 16. A

四、多项选择题

1. CD   2. ACD   3. AB   4. ABCD   5. AC
6. ACD 7. AC   8. ABD 9. AB   10. ACD
11. ACD 12. ACD 13. BC 14. ABC

五、判断题

1. × 2. × 3. × 4. √ 5. √ 6. × 7. × 8. × 9. × 10. ×
11. × 12. √

六、业务题(略)

第六章　产品成本计算的品种法

一、名词解释(略)
二、简答题(略)
三、单项选择题

1. C 2. A 3. B 4. A 5. C 6. B 7. A 8. A 9. C 10. A

四、多项选择题

1. ABCD 2. ACD 3. BCD 4. ABCD 5. AC 6. BD

五、判断题

1. √ 2. √ 3. × 4. √ 5. √

六、业务题

1. 解析：
(1) 会计分录(略)
(2) A产品本月完工产品成本为12 032元；B产品本月完工产品成本为23 648元。

2. 解析：
甲产品月末在产品55件A材料的约当产量＝(4÷5)×25＋30＝50(件)；
甲产品本月投产量＝50＋550＝600(件)；
本月投产甲产品A材料定额消耗量＝600×5＝3 000(千克)；
乙产品本月投产量＝40＋400－30＝410(件)；
本月投产乙产品A材料定额消耗量＝410×10＝4 100(千克)；
A材料定额消耗量分配率＝7 242÷(3 000＋4 100)＝1.02；
甲产品应当分配的A材料消耗量＝1.02×3 000＝3 060(千克)；
甲产品应当分配的A材料费用＝3 060×20＝61 200(元)；
乙产品应当分配的A材料消耗量＝1.02×4 100＝4 182(千克)；
乙产品应当分配的A材料费用＝4 182×20＝83 640(元)。

3. 解析：
A产品完工产品和月末在产品成本分别为34 000元和13 000元。
B产品完工产品和月末在产品成本分别为22 880元和8 720元。

第七章 产品成本计算的分批法

一、名词解释(略)

二、简答题(略)

三、单项选择题

1. C 2. B 3. D 4. D 5. D 6. B 7. A 8. B 9. D 10. B

四、多项选择题

1. ABC 2. BC 3. BD 4. BD 5. CD 6. ABCD

五、判断题

1. × 2. × 3. √ 4. × 5. √ 6. √

六、业务题

1. 401批,甲产品,4月份完工产品成本(8台)为11 720元;月末在产品成本(4台)为3 688元。

401批,甲产品,5月份完工产品成本(4台)为5 848元。

402批,乙产品,4月份完工产品成本(2台)为4 860元;月末在产品成本(8台)为19 540元。

402批,甲产品,5月份完工产品成本(8台)为25 740元。

会计分录(略)

2. (1) 全部产品累计间接计入费用分配率:

工资及福利费分配率=7 182/10 260=0.7元/时;

制造费用分配率=11 286/10 260=1.1元/时。

(2) 完工产品成本:

601号A产品=12 000+3 200×(0.7+1.1)=17 760元;

602号B产品=(7 360/20)×10+960×(0.7+1.1)=5 408元。

3. (1) 基本生产二级账

	直接材料	工 时	直接人工	制造费用	合 计
6月份发生	60 000	4 000	24 000	16 000	100 000
7月份发生	80 000	6 000	36 000	24 000	140 000
8月份发生	50 000	5 000	30 000	20 000	100 000
累计	190 000	15 000	90 000	60 000	340 000
分配率			6	4	
完工转出	76 000	8 500	51 000	34 000	161 000
月末在产	114 000	6 500	39 000	26 000	179 000

(2) 基本生产明细账

产品名称：甲产品　　　　　　　　批号：119　　　　　　　　投产量：30 件

	直接材料	工　时	直接人工	制造费用	合　计
6月份发生	60 000	4 000			
7月份发生		2 000			
8月份发生		1 000			
累计及分配率	60 000	7 000	6	4	
完工产品总成本	60 000	7 000	42 000	28 000	130 000
完工产品单位成本	2 000		1 400	633.33	433.33

（3）基本生产明细账

产品名称：乙产品　　　　　　　　批号：200　　　　　　　　投产量：20 件

	直接材料	工　时	直接人工	制造费	合　计
7月份发生	80 000	4 000			
8月份发生		2 500			
累计及分配率	80 000	6 500	6	4	
完工产品总成本	16 000	1 500	9 000	6 000	31 000
月末在产品成本	64 000	5 000			

完工产品材料费＝80 000/20×4＝16 000。

（4）基本生产明细账

产品名称：丙产品　　　　　　　　批号：201　　　　　　　　投产量 15 件

	直接材料	工　时	直接人工	制造费	合　计
8月份发生	50 000	1 500			

4．解：

2010 批 A 产品

项　目	产量	直接材料	燃料和动力	直接人工	制造费用	合　计
月初在产品成本		6 300	2 500	3 100	1 820	13 720
本月生产费用			3 250	2 980	980	7 210
生产费用合计		6 300	5 750	6 080	2 800	20 930
完工产品成本	4	6 300	5 750	6 080	2 800	20 930
单位成本		1 575	1 437.5	1 520	700	5 232.5

2011批A产品

项目	产量	直接材料	燃料和动力	直接人工	制造费用	合 计
月初在产品成本		13 480	3 200	5 800	3 820	26 300
本月生产费用			3 890	6 220	3 410	13 520
生产费用合计		13 480	7 090	12 020	7 230	39 820
完工产品成本	7	9 436	5 453.85	9 246.15	5 561.54	29 697.54
完工产品单位成本		1 348	779.12	1 320.89	794.51	
月末在产品成本	3	4 044	1 636.15	2 773.85	1 668.46	10 122.46

注：燃料和动力分配率＝7 090÷(7+3×70％)＝799.12；

直接人工分配率＝12 020÷(7+3×70％)＝1 320.88；

制造费用分配率＝7 230÷(7+3×70％)＝794.51。

2020批B产品

项目	产量	直接材料	燃料和动力	直接人工	制造费用	合 计
月初在产品成本						
本月生产费用		9 250	8 230	5 900	3 120	26 500
生产费用合计		9 250	8 230	5 900	3 120	26 500
完工产品成本	2	1 960	432	804	696	3 892
完工产品单位成本		980	216	402	348	1 946
月末在产品成本	6	7 290	7 798	5 096	2 424	22 608

第八章 产品成本计算的分步法

一、名词解释(略)

二、简答题(略)

三、单项选择题

1. D 2. A 3. B 4. B 5. D 6. B 7. A 8. B 9. C 10. C

四、多项选择题

1. ABC 2. ABC 3. CD 4. BD 5. AB
6. ABCD 7. ABC 8. AD 9. ABCD 10. ABC
11. ABCD 12. ABCD 13. ABCD

五、判断题

1. √ 2. √ 3. × 4. √ 5. × 6. √ 7. × 8. √ 9. √ 10. ×
11. × 12. √ 13. × 14. × 15. √

六、业务题

1. 综合结转法本月完工产品成本为：半成品 75 000 元；工资及福利费 5 700 元；制造费用 11 800 元，总成本 92 500 元。

   分项结转法本月完工产品成本为：原材料 46 875 元；工资及福利费 15 075 元；制造费用 30 550 元，总成本 92 500 元。

2. 第一车间乙半成品本月完工产品成本：原材料 10 800 元；工资及福利费 5 600 元；制造费用 11 600 元，总成本为 28 000 元。

   第二车间乙产成品本月完工产品成本：半成品 44 800 元；工资及福利费 8 800 元；制造费用 19 900 元，总成本为 73 500 元。

   成本还原率＝44 800/28 000＝1.6；

   产成品中半成品综合成本所含原材料费用为 17 280 元；

   产成品中半成品综合成本所含工资及福利费为 8 960 元；

   产成品中半成品综合成本所含制造费用为 18 560 元。

3. 成本还原率＝8 400/7 000＝1.2；

   产成品中半成品综合成本所含原材料费用为 3 480 元；

   产成品中半成品综合成本所含工资及福利费为 1 656 元；

   产成品中半成品综合成本所含制造费用为 3 264 元。

4. 第一车间甲半成品本月完工产品成本：原材料 34 000 元；工资及福利费 8 000 元；制造费用 12 000 元，总成本为 54 000 元。

   第二车间甲产成品本月完工产品成本：半成品 64 500 元；工资及福利费 17 000 元；制造费用 20 000 元，总成本为 101 500 元。

   成本还原率＝64 500/54 000＝1.944 44；

   产成品中半成品综合成本所含原材料费用为 40 611.10 元；

   产成品中半成品综合成本所含工资及福利费为 9 555.52 元；

   产成品中半成品综合成本所含制造费用为 14 333.38 元。

5. 第一车间：

   原材料分配率＝19 620/20 000＝0.981；

   工资及福利费分配率＝5 900/40 000＝0.147 5；

   制造费用分配率＝5 100/40 000＝0.127 5。

   第二车间：

   工资及福利费分配率＝3 720/24 800＝0.15；制造费用分配率＝3 968/24 800＝0.16；

   甲产品成本：原材料 11 772 元；工资及福利费 6 240 元；制造费用 5 940 元，

   总成本为 23 952 元。

6. 结构比重法：

   还原后的产成品成本＝44 796＋4 000＋7 683＋17 922＋12 000＋2 877＋4 482＝93 760 元；

   还原分配率法：

   还原后的产成品成本＝44 800＋4 000＋7 680＋17 920＋12 000＋2 880＋4 480＝

93 760 元。

7. 三道工序费用合计：

工序一　原材料分配率＝8　工资分配率＝2

工序二　工资分配率＝4

工序三　工资分配率＝3

完工产品成本＝480＋120＋240＋180＝1 020 元；月末在产品成本＝320＋60＋60＋15＝455 元。

8.

第一步骤基本生产明细账　　　　　　　　　　　　产量：200

摘　要	月初	本月	合计	分配率	产成品份额			在产品成本	
					定额	实际总成本	单位成本	定额	实际成本
直接材料	16 000	84 000	100 000	1.25	65 000	81 250	203.13	15 000	18 750
燃料动力	900	14 200	15 100	3.02	4 000	12 080	30.2	1 000	3 020
直接人工	1 200	15 600	16 800	3.36		13 440	33.6		3 360
制造费用	800	12 000	12 800	2.56		10 240	25.6		2 560
合计	18 900	125 800	144 700			117 010	292.53		27 690

第二步骤基本生产明细账　　　　　　　　　　　　产量：400

摘　要	月初	本月	合计	分配率	产成品份额			在产品成本	
					定额	实际总成本	单位成本	定额	实际成本
直接材料									
燃料工资	1 400	6 000	7 400	0.925	6 000	5 550	13.88	2 000	1 850
直接人工	1 600	17 800	19 400	2.425		14 550	36.38		4 850
制造费用	980	14 800	15 780	1.972 5		11 835	29.59		3 945
合计	3 980	38 600	42 580			31 935	79.84		10 645

产品成本汇总表

成本项目	第一步骤份额	第二步骤份额	总成本	单位成本
直接材料	81 250		81 250	203.13
燃料动力	12 080	5 550	17 630	44.08
直接人工	13 440	14 550	27 990	69.98
制造费用	10 240	11 835	22 075	55.19
合计	117 010	31 935	148 945	372.36

9. 按还原分配率法和还原系数法还原后丙产品的总成本均为 108 000 元,其中,原材料 36 960 元,燃料和动力 25 144 元,工资 20 856 元,制造费用 25 040 元。

10. W 产品完工产品总成本和单位成本分别为 33 628.20 元和 273.40 元。

11. 第一步骤 A 半成品总成本和单位成本分别为 54 000 元和 150 元。

第二步骤 B 半成品总成本和单位成本分别为 73 500 元和 245 元。

第三步骤乙产品总成本和单位成本分别为 162 744.50 元和 439.85 元。

12.

单位:元

	项 目	直接材料	直接人工	制造费用	合 计
第一车间	期初在产品成本	12 000	4 000	5 000	21 000
	本月费用	28 000	6 000	10 000	44 000
	完工产品成本	34 000	8 000	12 000	54 000
	期末在产品成本	6 000	2 000	3 000	11 000
第二车间	期初在产品成本	20 000	5 000	10 000	35 000
	本月费用	51 480	14 000	15 000	
	完工产品成本	64 800	17 000	20 000	101 800
	期末在产品成本	6 680	2 000	5 000	13 680

自制半成品明细账

甲半成品   计划单位成本为 58.5 元

月初余额			本月增加			累 计				本月减少		
数量	计划成本	实际成本	数量	计划成本	实际成本	数量	计划成本	实际成本	成本差异	数量	计划成本	实际成本
100	5 850	10 350	900	52 650	54 000	1 000	58 500	64 350	5 850	800	46 800	51 480

成本还原率=64 800/54 000=1.2;

自制半成品还原为直接材料=34 000×1.2=40 800(元);

自制半成品还原为直接人工=8 000×1.2=9 600(元);

自制半成品还原为制造费用=12 000×1.2=14 400(元);

合计=64 800(元)。

还原后产品成本:

直接材料=40 800(元);

直接人工=9 600+17 000=26 600(元);

制造费用=14 400+20 000=34 400(元);

合计=101 800(元)。

13. 填表

项 目	分配率	半成品	直接材料	直接人工	制造费	合 计
还原前成本		22 400		4 400	9 950	36 750
半成品成本			5 400	2 800	5 800	14 000
成本还原	1.6		8 640	4 480	9 280	22 400
还原后成本			8 640	8 880	19 230	36 750

14. 解：

结构比重法

项 目		半成品	直接材料	直接人工	制造费用	合 计
还原前产品成本		8 400		2 800	4 160	15 360
本月所产该种半成品成本			2 900	1 380	2 720	7 000
成本还原	成本还原系数	−8 400	2 900÷7 000 =0.414 29	1 380÷7 000 =0.197 14	2 720÷7 000 =0.388 57	
	还原额		3 840	1 656	3 264	
还原后的产品成本		3 480	2 800+1 656 =4 456	4 160+3 246 =7 424		15 360

还原分配率法

项 目	半成品	直接材料	直接人工	制造费用	合 计
还原前产品成本	8 400		2 800	4 160	15 360
本月所产该种半成品成本		2 900	1 380	2 720	7 000
成本还原	8 400÷7 000 =1.2	2 900×1.2 =3 480	1 380×1.2 =1 656	2 720×1.2 =3 264	
还原后的产品成本		3 480	2 800+1 656 =4 456	4 160+3 264 =7 424	15 360

15. 解：

采用平行结转分步法计算 A 产品成本，完成成本计算单和成本汇总表的编制，以及编制 A 产品完工入库分录。

第一步骤产品成本明细账　　　　　　　　　　　　　　　　单位：元

项 目	直接材料	工资福利	制造费用	合 计
期初在产品成本	11 210	1 350	1 800	14 360
本月生产费用	35 830	5 150	7 200	48 180

(续表)

项　　目	直接材料	工资福利	制造费用	合　计
合计	47 040	6 500	9 000	62 500
约当产量	280	250	250	
单位成本	168	26	36	
产成品成本中本步骤份额	30 240	4 680	6 480	41 400
月末在产品成本	16 800	1 820	2 520	21 140

约当量：180＋60＋40＝280；180＋60×50％＋40＝250。

第二步骤产品成本明细账　　　　　　　　　　　　单位：元

项　　目	直接材料	工资福利	制造费用	合　计
期初在产品成本		720	860	1 580
本月生产费用		2 880	4 340	7 220
合计		3 600	5 200	8 800
约当产量		200	200	
单位成本		18	26	
产成品成本中本步骤份额		3 240	4 680	7 920
月末在产品成本		360	520	880

约当量：180＋40×50％＝200。

A产品　　　　　　　**产品成本汇总表**　　　　　　　　　　　单位：元

项　　目	产量	直接材料	工资福利	制造费用	合　计
第一步骤份额		30 240	4 680	6 480	41 400
第二步骤份额			3 240	4 680	7 920
合计	180	30 240	7 920	11 160	49 320
产成品单位成本		168	44	62	

借：库存商品——A产品　　　　　　　　　　　　　　49 320
　　贷：生产成本——基本生产成本——第一步骤　　　41 400
　　　　　　　　　　　　　　　　　　第二步骤　　　7 920

第九章　产品成本计算的辅助方法

一、名词解释（略）
二、简答题（略）
三、单项选择题
　1. B　2. A　3. C　4. A　5. D　6. D　7. C　8. D　9. C　10. C

11. B 12. B 13. D 14. C 15. D 16. A 17. B 18. A 19. B 20. C
21. B 22. B 23. A 24. C

四、多项选择题

1. ACD   2. CD   3. BCD   4. CD   5. AD
6. CD   7. ACD   8. AD   9. AD   10. ABC
11. AC   12. ABCD   13. AC   14. BCD   15. ACD
16. AC   17. ABD   18. ABC   19. ABC   20. ABCD
21. ABC   22. ABCD

五、判断题

1. √ 2. √ 3. √ 4. × 5. √ 6. √ 7. × 8. √ 9. √ 10. √
11. × 12. √ 13. √ 14. × 15. √ 16. √ 17. √ 18. √ 19. × 20. √
21. √ 22. √ 23. × 24. √ 25. × 26. √ 27. × 28. × 29. × 30. √
31. √

六、业务题

1. 单位甲产品系数为 1；单位乙产品系数为 1.3；
单位丙产品系数为 0.9。全部产品的总系数为 1 450。
原材料费用分配率 = 269 700 / 1 450 = 186。

2. A 产品原材料费用系数 = 615 / 410 = 1.5；B 产品原材料费用系数 = 492 / 410 = 1.2；
C 产品原材料费用系数 = 369 / 410 = 0.9；原材料费用分配率 = 834 140 / 2 330 = 358；
燃料及动力费用分配率 = 230 040 / 284 000 = 0.81；
工资用福利费分配率 = 269 800 / 284 000 = 0.95；
制造费用分配率 = 235 720 / 284 000 = 0.83。

3. 材料费用定额系数 = 210 / 200 = 1.05；工时定额系数 = 38 / 40 = 0.95；
月初在产品定额变动差异合计为 75 元。

4. 本月产品原材料实际费用为 51 170 元。

5. 月末在产品的原材料定额费用为 11 250 元；
本月完工产品原材料实际费用为 52 072 元；本月在产品原材料实际费用为 11 025 元。

6. 月末在产品原材料定额成本为 1 090 元；
本月完工产品和月末在产品原材料实际费用分别为 32 048 元和 1 063 元。

7. 子产品完工产品的定额成本和实际成本分别为 235 392 元和 257 382 元。

8. 原材料费用分配率 = 5 090.4 ÷ 780 = 6.53；
直接人工分配率 = 1 696.8 ÷ 780 = 2.18；
制造费用分配率 = 3 393.6 ÷ 780 = 4.35。

9. 略

10. 略

第十章 成本报表的编制和分析

一、名词解释(略)
二、简答题(略)
三、单项选择题

1. A 2. C 3. D 4. D 5. C 6. A 7. D 8. B 9. C 10. C
11. A 12. B 13. C 14. D 15. C 16. A 17. C 18. C 19. C 20. B
21. B 22. A

四、多项选择题

1. ACD 2. AD 3. ABC 4. ABCD 5. CD
6. ABC 7. ABC 8. ABD 9. BC 10. ACD
11. ABCD 12. ABC 13. ACD 14. ABD 15. ACD
16. ABD 17. BD 18. BD 19. ABC 20. ABC

五、判断题

1. √ 2. × 3. × 4. √ 5. √ 6. √ 7. × 8. √ 9. × 10. √
11. × 12. √ 13. √ 14. √ 15. √ 16. √ 17. √ 18. × 19. √ 20. √
21. × 22. × 23. × 24. × 25. √ 26. √

六、业务题

1. 材料费用总额实际比计划降低 2 352 元。

2. 产值成本率：计划数为 32 元/百元；实际数为 31.82 元/百元。

3. 分析对象：9.444 4%－9%＝0.444 4%

4. 原材料费用实际比计划提高了 73 元。

5. 工资费用比计划降低了 27 元。

6. (1) 计划产量(上年单位成本)总成本＝1 000/5%＝20 000(元)；

本年计划总成本＝20 000－1 000＝19 000(元)。

(2) 实际产量(上年单位成本)总成本＝1 000/4%＝25 000(元)；

本年实际总成本＝25 000－1 000＝24 000(元)。

(3) 成本降低额差异为：1 000－1 000＝0；

成本降低率为：4%－5%＝－1%。

7. 略

8. 解：产量变动影响＝(1 100－1 000)×20×40＝80 000(元)；

单耗变动影响＝1 100×(18－20)×40＝－88 000(元)；

单价变动影响＝1 100×18×(43－40)＝59 400(元)；

合计　　　　　　　　　　　　　51 400(元)。

9. 解析：

(1) 可比产品成本的实际降低情况：

① 可比产品成本实际降低额＝500 000－455 000＝45 000；

② 可比产品成本实际降低率＝45 000/500 000×100%＝9%。

(2) 可比产品成本降低计划的执行结果分析：
① 可比产品成本降低额执行结果＝45 000－34 000＝11 000；
② 可比产品成本降低率执行结果＝9％－8.5％＝0.5％。
(3) 分析各因素的影响程度：
可比产品成本计划降低额为34 000元，计划降低率为8.5％。
① 产品产量变动的成本降低额＝455 000×8.5％＝38 250；
影响程度＝38 250－34 000＝4 250；
产品产量变动影响成本降低率或降低率的影响程度＝8.5％－8.5％＝0。
② 产品品种结构变动的成本降低额＝500 000－458 000＝42 000；
影响程度＝42 000－38 250＝3 750；
产品品种结构变动对成本降低率的影响＝42 000/500 000－8.5％＝8.4％－8.5％＝－0.1％。
③ 产品单位成本变动影响的成本降低额＝500 000－455 000＝45 000；
影响程度＝45 000－42 000＝3 000；
对成本降低率的影响＝45 000/500 000－8.4％＝9％－8.4％＝0.6％。
(4) 各因素影响程度汇总表

	对成本降低额的影响	对成本降低率的影响
产品产量变动	4 250	—
产品品种比重变动	3 750	－0.1％
产品单位成本变动	3 000	0.6％
合计	11 000	0.5％

10. 略

综合测试题一

一、二大题略

三、单项选择题

 1. D 2. C 3. C 4. A 5. A 6. B 7. A 8. C 9. C 10. B

四、多项选择题

1. AD   2. ABD   3. ABD   4. ABCD   5. ABCD

五、判断题(简略)

1. F 2. F 3. T 4. T 5. T

六、业务题

1. 工资费用分配率＝8 400/(7 200＋4 800)＝0.7。

2. 1) 20％、65％、95％；

2) 计算 B 产品完工产品成本和月末在产品成本：
(1) 材料费用分配率=42 090/(2 086+720)=15；
(2) 直接人工费用分配率=15 000/(2 086+414)=6；
(3) 制造费用分配率=10 000/(2 086+414)=4；
(4) 完工产品成本=31 290+12 516+8 344=521 509(元)；
在产品成本=10 800+2 484+1 656=14 940(元)。

3. 不可修复废品的定额成本：
原材料：100×400=40 000 元；
工资及福利费：800×5=4 000 元；
制造费用：800×10=8 000 元。
B. 不可修复废品净损失=40 000+4 000+8 000−500=51 500 元。

4. 交互分配的单位成本：
电单位成本=27 300/52 000=0.525(元)；
蒸汽单位成本=35 000/2 800=12.5(元)。
对外分配的单位成本：
电的单位成本=30 000/50 000=0.6(元)；
蒸汽的单位成本=32 300/2 500=12.92(元)。

5. 三道工序费用合计：
完工产品成本=480+120+240+180=1 020 元；
月末在产品成本=320+60+60+15=455 元。

综合测试题二

一、单项选择题

1. B 2. B 3. B 4. A 5. B 6. D 7. B 8. D 9. B 10. C

二、多项选择题

1. ABD   2. ABCD   3. BCD   4. BCD   5. AB

三、判断题

1. T 2. T 3. F 4. F 5. F 6. T 7. T 8. T 9. F 10. T

四、名词解释

1. 直接分配法：是指不考虑各辅助生产车间之间相互提供劳务的情况，而是将各种辅助生产费用分配给辅助生产车间以外的各受益单位的一种分配方法。

2. 可修复废品：是指经过修理可以使用，而且所花费的修理费用在经济上核算的废品。

五、简答题

1. 正确计算产品成本应该正确划清哪些方面的费用界限？

答：(1) 正确划分应否计入生产费用、期间费用的界限。

(2) 正确划分生产费用与期间费用的界限。（3 分）

(3) 正确划分各个月份的生产费用和期间费用的界限。

(4) 正确划分各种产品的生产费用界限。

(5) 正确划分完工产品与在产品的生产费用界限。(4分)

2. 综合逐步结转法有何特点？有何优缺点？

答：综合结转法的特点是将各步骤所耗用的上一步骤的半成品成本，以"原材料"、"直接材料"或专设的"半成品"项目，综合计入各该步骤的产品成本明细账中。(3分)其优点是可以在各生产步骤的产品成本明细账中反映各该步骤完工产品所耗半成品费用的水平和本步骤加工费用的水平，有利于各个生产步骤的成本的管理。(2分)缺点是为了从整个企业的角度反映产品成本的构成，加强企业综合的成本管理，必须进行成本还原，从而增加核算工作量。(2分)

六、业务题

1. 解：

(1) 交互分配的单位成本：

修理车间单位成本 $=19\,000/20\,000=0.95$(元)；

运输部门单位成本 $=20\,000/40\,000=0.5$(元)。

(2) 交互分配：

修理车间分来运输费 $=1\,500\times0.5=750$(元)；

运输部门分来修理费 $=1\,000\times0.95=950$(元)。

(3) 交互分配后的实际费用：

修理车间 $=19\,000+750-950=18\,800$(元)；

运输部门 $=20\,000+950-750=20\,200$(元)。

(4) 对外分配单位成本：

修理车间单位成本 $=18\,800/(20\,000-1\,000)=0.989\,5$；

运输部门单位成本 $=20\,200/(40\,000-1\,500)=0.524\,7$。

(5) 对外分配：

基本生产车间(修理费用) $=16\,000\times0.989\,5=15\,832$(元)；

　　　　　　　(运输费用) $=30\,000\times0.524\,7=15\,741$(元)；

管理部门(修理费用) $=3\,000\times0.989\,5=2\,968$(元)或 $18\,800-15\,832=2\,968$(元)；

　　　　(运输费用) $=8\,500\times0.524\,7=4\,459$(元)或 $20\,200-15\,741=4\,459$(元)。

2. 解：

(1) 甲产品不可修复废品的生产成本 $=5\times100+5\times30\times3+5\times30\times4=1\,550$(元)；

(2) 可修复废品损失(修复费用) $=2\,130+850+119+1\,360=4\,459$(元)；

甲种产品可修复和不可修复废品的净损失 $=1\,550+4\,459-160-120=5\,729$(元)。

(3) 会计分录

借：废品损失——甲产品		6 009	
贷：基本生产成本——甲产品——原材料	2 630	2 130+500
——工资及福利费	1 419	850+119+450
——制造费用	1 960	1 360+600

回收废品残料价值：

借：原材料——辅助材料　　　　　　　　　　　　　　　　　　160
　　贷：废品损失——甲产品　　　　　　　　　　　　　　　　　　160
过失人赔款：
借：其他应收款　　　　　　　　　　　　　　　　　　　　　　120
　　贷：废品损失——甲产品　　　　　　　　　　　　　　　　　　120
（4）登记废品损失会计科目
借：基本生产成本——甲产品——废品损失　　　　　　　　　　5 729
　　贷：废品损失——甲产品　　　　　　　　　　　　　　　　　5 729

3. 简化分批法

基本生产成本二级账

20××年		摘　要	直接材料	工　时	直接人工	制造费用	合　计
月	日						
3	31	本月余额	7 550	3 350	1 725	2 350	11 625
4	30	本月发生	850	2 900	1 400	2 025	4 275
	30	本月合计	8 400	6 250	3 125	4 375	15 900
	30	累计间接计入费用分配率			0.5	0.7	
	30	分配转出	6 500	3 650	1 825	2 555	10 880
	30	本月余额	1 900	2 600	1 300	1 820	5 020

基本生产成本明细账

批号：101　　投产日期：2月　　产品名称：甲产品　　批量：10件　　完工日期：4月

20××年		摘　要	直接材料	工　时	直接人工	制造费用	合　计
月	日						
3	31	本月合计	3 750	1 800			3 750
4	30	本月发生	250	450			250
	30	间接计入费用分配率			0.5	0.7	
	30	间接计入费用分配额		2 250	1 125	1 575	2 700
	30	本月完工产品成本	4 000	2 250	1 125	1 575	6 700
	30	单位成本	400		112.50	157.50	670

基本生产成本明细账

批号：102　　投产日期：3月　　产品名称：乙产品　　批量：5件　　完工日期：4月

20××年		摘　要	直接材料	工　时	直接人工	制造费用	合　计
月	日						
3	31	本月合计	2 200	590			2 200
4	30	本月发生	300	810			300

(续表)

20××年		摘 要	直接材料	工 时	直接人工	制造费用	合 计
月	日						
	30	间接计入费用分配率			0.5	0.7	
	30	间接计入费用分配额		1 400	700	980	1 680
	30	本月完工产品成本	2 500	1 400	700	980	4 180
	30	单位成本	500		140	196	836

基本生产成本明细账

批号：103　　投产日期：3月　　产品名称：丙产品　　批量：4件　　完工日期：6月

20××年		摘 要	直接材料	工 时	直接人工	制造费用	合 计
月	日						
3	31	本月合计	1 600	960			
4	30	本月发生	300	1 640			
	30	本月合计	1 900	2 600			

4. 平行结转分步法

(1) 各步骤约当产量的计算(表)：

各步骤约当产量的计算

摘 要	直接材料	直接人工	制造费用
一车间步骤的约当总量	9 000＋4 000＋5 000	9 000＋4 000×50％＋5 000	16 000
二车间步骤的约当总量	9 000＋7 000×50％＋5 000	9 000＋7 000×50％＋5 000	17 500
三车间步骤的约当总量	9 000＋5 000	9 000＋5 000×50％	11 500

(2) 填制各步骤的成本计算单(表)：

生产车间：一车间　　　　　**成本计算单**

摘 要	直接材料	直接人工	制造费用	合 计
月初在产品成本	52 800	13 900	17 250	83 950
本月发生费用	317 200	125 850	129 000	572 050
合计	370 000	139 750	146 250	656 000
该步骤约当产量	18 000	16 000	16 000	
单位成本(分配率)	20.555 6	8.754 4	9.140 6	
计入产品成本的份额	185 000.40	78 789.60	82 265.60	346 055.60
月末在产品成本	184 999.60	60 960.40	63 984.40	309 944.40

生产车间：二车间　　　　　　　　**成本计算单**

摘　　要	直接材料	直接人工	制造费用	合　计
月初在产品成本	25 500	22 300	27 020	74 820
本月发生费用	243 000	110 160	119 760	472 920
合计	268 500	132 460	146 780	547 740
该步骤约当产量	17 500	17 500	17 500	
单位成本（分配率）	15.342 9	7.569 1	8.387 4	
计入产品成本的份额	138 085.71	68 121.90	75 486.60	281 694.22
月末在产品成本	130 414.28	64 338.10	71 293.40	266 045.78

生产车间：三车间　　　　　　　　**成本计算单**

摘　　要	直接材料	直接人工	制造费用	合　计
月初在产品成本		19 500	22 400	41 900
本月发生费用		48 700	52 400	101 100
合计		68 200	74 800	143 000
该步骤约当产量		11 500	11 500	
单位成本（分配率）		5.930 4	6.504 3	
计入产品成本的份额		53 373.60	58 538.70	111 912.30
月末在产品成本		14 826.40	16 261.30	31 087.70

(3) 填制成本汇总表：

产品名称：C产品　　　　　　　**产品成本汇总计算表**　　　　　　产量：9 000

项　　目	直接材料	直接人工	制造费用	总成本	单位成本
一车间	185 000.40	78 789.60	82 265.60	346 055.60	38.45
二车间	138 085.71	68 121.90	75 486.60	281 694.22	31.30
三车间		53 373.60	58 538.70	111 912.30	12.44
合计	323 086.11	200 285.10	216 290.90	739 662.12	82.19

借：库存商品——C产品　　　　　　　　　　　　　739 662.12
　　贷：基本生产成本——一车间　　　　　　　　　346 055.60
　　　　　　　　　　——二车间　　　　　　　　　281 694.22
　　　　　　　　　　——三车间　　　　　　　　　111 912.30

图书在版编目(CIP)数据

成本会计学(第二版)指导用书/郭小金主编. —上海:复旦大学出版社,2021.8
信毅教材大系. 会计学系列
ISBN 978-7-309-14757-5

Ⅰ.①成… Ⅱ.①郭… Ⅲ.①成本会计-高等学校-教学参考资料 Ⅳ.①F234.2

中国版本图书馆 CIP 数据核字(2019)第 255229 号

成本会计学(第二版)指导用书
CHENGBEN KUAIJIXUE (DIERBAN) ZHIDAO YONGSHU
郭小金　主编
责任编辑/方毅超

复旦大学出版社有限公司出版发行
上海市国权路 579 号　邮编:200433
网址:fupnet@fudanpress.com　http://www.fudanpress.com
门市零售:86-21-65102580　　团体订购:86-21-65104505
出版部电话:86-21-65642845
上海四维数字图文有限公司

开本 787×1092　1/16　印张 9.25　字数 208 千
2021 年 8 月第 1 版第 1 次印刷

ISBN 978-7-309-14757-5/F·2657
定价:39.00 元

如有印装质量问题,请向复旦大学出版社有限公司出版部调换。
版权所有　侵权必究